中国经济讲堂

王东京 著

人民出版社

目　录

前　言

　　一年多前，《经济日报》编辑约我就当前经济热点问题写分析文章，大概是考虑我以教书为职业，还特地开设了"经济讲堂"栏目。盛情难却，其实也是职责所在，我从 2018 年 7 月开始动笔，差不多每月写一篇，到现在便有了这部书稿。我想，这组文章既然刊发在"经济讲堂"上，倒不妨借梯上楼，就用《中国经济讲堂》作书名吧。

　　2013 年是个重要节点，至此中国经济发展进入新常态。五年多来，速度换挡、结构升级、动力转换，同时又遭遇美国发起贸易争端，一路可谓爬坡过坎、风雨兼程。年前中央经济工作会议作出判断，我国经济将保持稳中求进态势，但稳中有变、稳中有忧。基于这样的判断，党中央审时度势，将"六稳"确定为中国经济行稳致远的基准坐标。

　　目前我国经济面临下行压力。当此关口，提振信心无疑比黄金还重要。毛泽东同志有句名言:"前途是光明的,道路是曲折的。"是说在遇到困难时不能被困难吓倒,要有战胜困难的信心。信心从哪里来?关键是要深刻领会党中央的决策部署。只有真懂才能真信,而只有真信,我们才能万众一心,从容应对各种风险挑战。

作为党校教师,当然知道要用学术讲政治。我写这本书,就是试图从学理层面对中央的经济决策作解读,不仅讲中央决策是什么,而且讲清中央决策背后的学理逻辑是什么。在行文方式上,也希望能用通俗易懂的语言把道理讲明白。事实上,我一直在作这样的努力,可知易行难,这本书是否真的好懂,还得读者说了算。

最后要顺便说明的是,本书共收录 15 篇文章,其中 11 篇发表在《经济日报》、4 篇发表在《学习时报》。结集出版前,我对有关章节的标题作过适当调整,不过内容并未改动。另外,责任编辑曹春博士逐一核对过相关数据,并对个别数据作了订正。与曹春博士合作多年,其职业操守和敬业精神皆令人尊重,这里我要再次表示感谢。

王东京

2019 年 10 月 16 日于北京大有庄

稳中求进要优先稳就业

在 2018 年 12 月召开的中央经济工作会议上，习近平总书记再次强调坚持稳中求进的工作总基调，要求今年进一步稳就业、稳金融、稳外贸、稳外资、稳投资、稳预期。中央为何将"稳就业"置于"六稳"之首并提出实施就业优先政策？而这"六稳"之间究竟又是什么关系？本文将重点从理论层面对这个问题进行探讨。

投资、消费、出口不是"三驾马车"而是"一驾马车"

就业、收入、消费的关系及其传导机理

稳就业的总体思路及其政策取向

稳中求进要优先稳就业

在 2018 年 12 月召开的中央经济工作会议上，习近平总书记再次强调坚持稳中求进的工作总基调，要求今年进一步稳就业、稳金融、稳外贸、稳外资、稳投资、稳预期。中央为何将"稳就业"置于"六稳"之首并提出实施就业优先政策？而这"六稳"之间究竟又是什么关系？本文将重点从理论层面对这个问题进行探讨。

投资、消费、出口不是"三驾马车"而是"一驾马车"

凯恩斯 1936 年出版的《就业利息和货币通论》，重点研究了投资、消费与就业的关系。他得出的结论是：一个国家要实现充分就业，政府必须通过扩张性财政政策刺激投资和消费。后来有学者将凯恩斯的结论进一步扩展，提出投资、消费、出口是拉动经济的"三驾马车"。言下之意，扩大就业可从投资、消费、出口三方面发力。

"三驾马车"的说法流传甚广，而且已有不少经济学者将其作为理论框架来研究就业问题。要指出的是，投资、消费、出口并非"三驾马车"，三者合起来才是"一驾马车"，其中消费是"马"，投资是"车"，出口是车后面的"货厢"。这是说，车和货箱并不是马车，它们要靠马去拉动。

这当然是一种形象的解释。从经济学的学理逻辑讲，我们说消费是"马"、投资是"车"，因为投资需要以消费为牵引。"一驾马车"若没有马在前面拉动，车不可能行走；同理，若没有消费需求作牵引，投资也就没有动力。我们知道，投资（生产）的目的是满足消费，若是消费需求不足，扩大投资所形成的必然是产品库存和无效产能。显然，这样的投资对扩大就业毫无意义。

目前有一种观点，认为扩大投资也能增加就业。不错，扩大投资确实可以创造就业。但从整个需求链条看，投资需求只是中间需求，消费需求才是最终需求，若没有消费需求，用扩大投资的办法创造就业是饮鸩止渴，对生产过剩无异于火上加柴。若产品长期压库，投资无法回收，资金链迟早要断裂；而资金链一断，大规模失业将不可避免。

另有一种观点，认为国内消费需求不足可用扩大出口来弥补，人们将"出口"看作拉动经济的马车，恐怕就是基于这种认识。事实上，这种看法是错的。亚当·斯密早就论证过，分工可以提高效率，而在存在国际分工的前提下，一个国家出口是为了进口他国商品，并通过进出口贸易互通有无，分享国际分工的收益。

按照亚当·斯密的分析，出口的目的是为了进口，那么一个国家如果只出口、不进口，就意味着该国主动放弃了分享国际分工收益的机会；而出口多、进口少，也表明该国未对等地分享国际分工的收益。这样看，一个国家要平等地分享国际分工收益，就必须在扩大出口的同时也积极进口。可问题就在这里，若一国出口多少也进口多少，它怎可能用出口弥补国内需求不足呢？

由此可见，出口也不是一驾独立的马车。这里需要特别指出的是，中央强调"稳外贸、稳外资"，主要不是要用"外需"替代"内需"，而是为了维持国际收支平衡。往深处想，对外投资与引进外资其实也是进出口。引进外资是出口商品，只是商品未离开国境；对外投资是购买外国商品，不过未将商品买入国境。既如此，一个国家要维持国际收支平衡，当然既要稳外贸，也要稳外资。

就业、收入、消费的关系及其传导机理

扩大就业离不开投资，而投资要以消费为牵引，消费需求

增加才能带动投资增加。既然投资由消费需求带动，那么消费需求又由何决定呢？回答这个问题，需要我们进一步讨论就业、收入、消费三者之间的关系。

一般地讲，消费是由收入决定。从亚当·斯密到马歇尔，大多数经济学家也都这么看。然而马歇尔之后经济学家的看法却有了改变。费雪在 1930 年出版的《利息理论》中，开篇就说"收入是一连串的事件"。何谓"一连串事件"？他解释是指一连串消费活动。如某人拥有 10 万元，其中 7 万元用于消费，这 7 万元是他的收入；余下 3 万元不是收入而是他的资产（如储蓄、股票等）。显然，在费雪看来收入分两种：狭义收入等于消费；广义收入大于消费。

凯恩斯虽然不否定收入对消费有决定作用，但他认为消费不会随收入同比例增长。为了说明一个国家消费需求为何会不足，提出了所谓"边际消费倾向递减规律"。意思是：随着人们收入增加，消费也增加，但消费增加却赶不上收入增加，这样消费在收入中的比重（消费倾向）会下降。从增量看，一个人收入越高，消费在收入中的占比就越低，故收入增长与消费增长并不一定同步。

当然，也有经济学家坚持消费由收入决定的观点，而且对如何看待"收入"提供新的视角。莫迪利亚尼根据他的"生命周期假说"指出：在人生的不同阶段，消费与收入会有不同的安排。通常的情形是：年轻时消费会大于收入，有负债；中年时收入会大于消费，有储蓄；老年时，消费会大于收入，用储蓄弥补缺口。前后算总账，一个人一生的消费仍取决于其一生的收入。

弗里德曼将收入分为现期收入与持久收入，所谓持久收入是指三年以上相对稳定的收入。根据这一划分，弗里德曼提出了"持久收入假说"。此假说认为，决定消费的主要是持久收入而非现期收入。后来有学者作过大量的验证，其结论也与此假说一致。是的，现期收入对消费会有影响，但确实不是唯一的影响因素。一个人现期收入不高，但若持久收入高，他可以从银行贷款增加消费。于今消费信贷风靡全球，足以证明消费需求与持久收入有关。

可是这样又带来了另一个问题，持久收入是预期收入，如果收入预期不稳定，消费也会不稳定。那么如何稳定人们的收入预期呢？经济学的答案：要稳定人们的收入预期必须先稳定就业。道理简单，社会上多数人都是工薪阶层，对工薪阶层而言，只有就业稳，收入才能稳。正是因为这个理由，所以中央将"稳就业"置于"六稳"之首，2019 年《政府工作报告》也提出了实施就业优先政策。

稳就业的总体思路及其政策取向

坚持就业优先，目的是通过稳就业来稳定人们的收入预期。人们的收入预期稳，消费就会稳；而消费稳不仅能稳定国内投资，同时也有利于稳外贸、稳外资。2019年《政府工作报告》设定的就业目标是：城镇新增就业1100万人以上，城镇调查失业率5.5%左右，城镇登记失业率4.5%以内。如何实现这一目标？总体思路是，坚持以供给侧结构性改革为主线；而宏观政策取向，则是继续实施积极的财政政策和稳健的货币政策。

推进供给侧结构性改革，当务之急是巩固"三去一降一补"成果，继续用改革的办法去产能、去库存，取消对"僵尸企业"的财政补贴，推动产能过剩行业加快出清。同时要建立公平开放透明的市场规则和法治化营商环境，加快"放管服"改革，支持企业创新，让企业成为科技创新和成果转化的主体，不断增强微观主体的活力。只要国内企业有活力，政府稳就业就有底气。

用改革的办法去产能、去库存，要发挥市场机制的决定作用。有两个重点：一是价格要由供求决定，让价格反映供求、调节供求；二是要进一步缩减市场准入负面清单，推动"非禁即入"普遍落实。政府要最大限度地减少对资源的直接配置，让生产要素根据市场的价格信号自由流动，逐步建立起供给结构不断适应市场需求变化的机制。

在操作层面，实现2019年的就业目标还需有宏观政策的配合。一方面，积极财政政策要加力提效。多年来人们有一种误解，以为积极财政政策就是发国债。其实，积极财政政策可以适度发国债，但主要应该减税。发国债是扩大政府投资；减税是扩大企业投资。"李嘉图—巴罗等价定理"说得清楚，"今天的国债就是明天企业的税"。要减轻企业税负、鼓励企业投资，政府就得控制国债规模。

国务院已经明确，2019 年赤字率拟按 2.8% 安排，比 2018 年预算仅高 0.2 个百分点；而减税力度却比 2018 年明显加大了。制造业等行业的增值税税率从 16% 降至 13%，交通运输业、建筑业等行业的税率从 10% 降至 9%；生活服务业保持 6% 的税率不变。据权威部门估算，全年将减轻企业税收和社保缴费负担近 2 万亿元，这对扩大企业投资和稳就业无疑是有力的支撑。下一步的关键，是要在执行过程中将减税方案不折不扣地落到实处，让企业普遍有获得感。

另一方面，要继续实施稳健的货币政策。习近平总书记在 2018 年 12 月召开的中央经济工作会上强调："稳健的货币政策要松紧适度"。坚持实施稳健的货币政策，目的是为了稳金融、防风险。1997 年亚洲爆发金融危机和 2007 年美国发生次贷危机，说到底是金融失控的结果。中外历史经验表明，如果一个国家货币供应不适度，无论出现通胀还是通缩都会对经济健康造成危害。

怎样才能稳金融？关键一点，是货币供应既要保持流动性合理充裕，又要保持居民消费价格相对稳定（2019 年要将 CPI

控制在 3% 左右），所以货币供应绝不能大水漫灌。为此，在宏观层面要执行"简单规则"的货币政策，让货币供应增速与经济增长速度大体保持一致；在中观层面，要进一步改善货币政策传导机制，提高直接融资比重，降低杠杆率；在微观层面，要重点解决好民营企业和小微企业融资难、融资贵问题。

三点重要结论

综合上面的分析，我们可以得到以下三点重要结论：

第一，投资、消费、出口并非"三驾马车"而是"一驾马车"。其中，消费对拉动经济起主导作用，不仅投资要以消费需求为牵引；而且一个国家要分享国际分工的收益在出口的同时必须进口，而进口也要以国内消费需求作支撑。前面已经分析过，引进外资可以当出口看，这样"稳投资、稳外贸、稳外资"就必须先稳定国内消费需求。消费需求不稳定，投资、外贸、外资皆不可能稳定。

第二，一个国家要稳定消费需求，必须先稳定人们的收入预期。而要稳定收入预期，又必须以稳定就业为前提。就业稳，人们收入预期才能稳；而只有就业稳、收入稳，其他方面的稳定才有牢固的基础。可见，中央将"稳就业"放在"六稳"之首，不仅符合经济学的理论逻辑，而且也是保证中国经济持续健康的客观要求。

　　第三，稳就业的重点在三方面：一是要以供给侧结构性改革为主线，坚持用市场机制调结构，加快"放管服"改革，全面激发微观主体的活力；二是实施积极财政政策应继续加大减税力度，进一步帮助企业降成本，支持企业扩大投资创造更多的就业机会；三是稳金融，坚持实施稳健的货币政策，在提供松紧适度融资环境的同时，要稳住物价，防止经济出现大起大落。

积极财政政策的目标取向

我国自 1998 年实施积极财政政策以来，不仅成功地应对了亚洲金融危机和美国次贷危机的冲击，而且有效地推动了结构调整升级。年前召开的中央经济工作会议强调，2019 年积极的财政政策要加力提效。可至今人们对积极财政政策的理解并不一致：有人将积极财政政策等同于扩张性财政政策；或者将我国的结构性减税等同于供给学派的减税。中国实施积极财政政策的目标取向究竟为何？我们将从三个方面就此问题进行讨论。

着力点在供给侧而非需求侧
主要手段是减税而非发债
重点是结构性减税而非全面减税

积极财政政策的目标取向

我国自 1998 年实施积极财政政策以来，不仅成功地应对了亚洲金融危机和美国次贷危机的冲击，而且有效地推动了结构调整升级。年前召开的中央经济工作会议强调，2019 年积极的财政政策要加力提效。可至今人们对积极财政政策的理解并不一致：有人将积极财政政策等同于扩张性财政政策；或者将我国的结构性减税等同于供给学派的减税。中国实施积极财政政策的目标取向究竟为何？我们将从三个方面就此问题进行讨论。

着力点在供给侧而非需求侧

经济学家通常将财政政策分为扩张、中性、紧缩等三种类型，"积极财政政策"是由中国政府最早提出，西方经济学教科书里没有这概念。一个时期以来，不少人将积极财政政策等同于扩张性财政政策。这看法显然是不对的：扩张性财政政策立足于需求侧，旨在扩需求；而积极财政政策则着力于供给侧，目的是改善和推进供给。

我们知道，20世纪30年代前，经济学家所推崇的是"财政健全原则"，主张政府以收定支，财政不得列赤字，而且年度预算要平衡。1929年至1933年西方国家发生经济大萧条后，政府为了刺激投资，财政开支剧增，导致政府预算普遍出现了赤字。1936年，凯恩斯的《就业利息和货币通论》出版，又从理论上为赤字预算提供了支撑。

20世纪40年代，美国经济学家汉森提出了"补偿性财政政策"，主张财政政策应该交替扩张或紧缩。在经济萧条期，采用扩张性财政政策，扩大政府开支，增加社会总需求；在经济繁荣期，采用紧缩性财政政策，缩减政府开支，降低社会总需求。汉森指出，虽然经济萧条期财政有赤字，但经济繁荣期财政有盈余，用后者的盈余弥补前者的赤字，从整个经济周期看，财政预算是平衡的。

可以看出，无论凯恩斯的扩张性财政政策还是汉森的补偿性财政政策，重点都在需求管理。而我国实施的积极财政政策，重点却在供给管理。这里有个问题想问读者：1998年我国实施积极财政政策为何要选择投资基础设施？也许你会说，当时基础设施是我国经济的短板。不错，那时政府投资基础设施的确是为了补短板。可补短板是供给管理还是需求管理呢？你会答是供给管理，对不对？

再看 2019 年的《政府工作报告》，对积极财政政策加力提效提出了四项举措：适度提高赤字率，加大政府调控力度；实施更大规模的减税，坚持普惠性减税与结构性减税并举；优化财政支出结构，进一步调整供给结构；有效发挥地方政府债券作用，积极防范化解地方政府债务风险。

毫无疑问，以上四项举措都是结构方面的措施。由此见，我国实施的积极财政政策确实不同于凯恩斯和汉森的政策主张，其着力点侧重于供给端。虽然实施积极财政政策客观上也有扩大需求的效果，但目标取向却是针对结构而不是总量。说得具体些：积极财政政策是从供给侧发力，通过改善结构更好地满足需求，进而拉动需求。

进一步分析，一国经济协调发展不仅需要总量平衡，而且更需要结构平衡。总量平衡不一定保证结构平衡，但结构平衡却有助于总量平衡。举大家熟悉的例子。前些年国内库存增加，产能严重过剩，从总量看说明国内需求不足；可同时国内消费者却舍近求远购买大量境外商品。何以如此？真实的原因，是国内供需结构失衡。如果供给结构能适应需求变化，国内需求就会增加。正是在此意义上，我们说推动供给侧结构性改革也是扩内需。

主要手段是减税而非发债

前面已经分析过，政府实施积极财政政策是为了从供给侧支持调结构。而对政府扩大投资来说，有两种方法，一是赤字预算（发行国债）；二是加征税收。这里需要讨论的是，政府发债与加税的效果有何区别？或者说政府在发债与加税之间应该作怎样的选择？要回答这个问题，让我们先从经济学说史上的一桩公案说起。

19世纪初，拿破仑挥师南北、横扫欧洲，为了共同对抗法国，英国组建了第四次反法联盟。为支持盟军，英国每年需对外援助巨额军费。围绕如何筹措军费，当时英国国会展开了激烈的辩论。焦点在于，军费是通过加税筹措还是通过发债筹措？以马尔萨斯为代表的一派力主发债；而以李嘉图为代表的另一派则主张加税。

马尔萨斯分析说，每年军援若需2000万英镑，英国平均每人需捐纳100英镑。若采用加税方式，居民每人就得从自己收入中节约100英镑，这无疑会减少国内消费，导致经济紧缩。但如果选择发债，由于国债当年无须还本，居民每人只须支付这100英镑的利息，若年利率为5%，则政府只需向每人增加5英镑的税收。如此，居民消费可大体保持不变。

李嘉图认为，发行国债与加税的区别，仅在于国债要偿付利息。政府若不选择加税，居民当年虽不必缴100英镑的税，但政府就得发行 2000 万英镑的国债，而国债最终要靠征税偿还，那么来年就得多征 2000 万英镑的税。正因为今天的国债是明天的税，于是李嘉图推论说，为了应付日后要加征的税收，人们不得不提前储蓄，结果也会令居民消费减少。

对李嘉图的分析，也有不少经济学家不赞成。有学者反驳说，假若政府发行的不是短期国债而是长期国债，居民当前消费就不可能减少。因为长期国债偿还有相对长的延付期，而每个人都不会长生不老，要是人们意识到死亡可以逃避将来的税负，他们怎会压缩当前消费呢? 而且还有学者用消费信贷作例证，证明李嘉图的观点不成立。

1974 年，美国经济学家巴罗发表《政府债券是净财富吗》一文为李嘉图的观点作辩护。他指出：由于人类具有关怀后代的动机，所以在通常的情况下，人们对将来的税负往往宁愿自己承担也不会推给后代，即便有人知道自己活不到偿还国债的那一天，也会减少自己的开支而为后代先将 100 英镑储蓄起来。既如此，发债与加税并无实质区别，两者皆会减少现期消费。

李嘉图与巴罗的推论，经济学称为"李嘉图—巴罗等价定理"。我的看法，若政府只是一次性发债，此定理无疑是对的；但若不是一次性发债而是持续发债，该定理未必成立。因为持续发债政府可以用新债还旧债，无须立即加税；而政府不加税，也就不会减少居民当期消费。想想银行吧。银行吸收存款其实也是向储户发债，存款到期需还本付息，可银行为何能将存款用于贷款？原因是银行持续吸储，可以用新存款偿还旧存款。

据此分析，政府要扩大投资，加税不如发债。如果再想深一层，比如把企业投资加进来考虑，将政府投资与企业投资作比较，财政政策应该怎样安排？有一点可以肯定，政府发债或者加税会挤占企业投资，而减税却在增加企业投资的同时会减少政府投资。也就是说，政府投资与企业投资会互为消长。可问题是在这种情况下，政府在发债、加税、减税之间又该如何取舍呢？

从经济学的角度看，企业既是生产主体，也是市场主体。与政府相比，企业对市场信号反应更灵敏，这样对调结构来讲，扩大政府投资就不如扩大企业投资。而要扩大企业投资，政府就必须减税。若将此引申到政策层面，可得出的结论是：政府加税不如发债，发债不如减税。据国务院公布的数据：2019 年安排的预算赤字率仅比 2018 年高 0.2 个百分点，而减轻税费近 2 万亿元，这正好佐证了我们上面的结论。

重点是结构性减税而非全面减税

积极财政政策的主要手段是减税，但却又不同于供给学派的减税。供给学派减税的理论根据是"拉弗曲线"。此曲线说：

当税率低于一定限度，提高税率能增加政府税收；但若超过这一限度，提高税率反而会减少政府税收。对个中原因拉弗的解释是，过高的税率会抑制经济增长，令税基缩小，而税基缩小则政府税收也会减少；相反，当税率过高时，减税则可刺激经济增长，税基扩大，政府税收也会增加。

要指出的是，拉弗主张的减税是全面减税，而实行全面减税在操作层面至少有两个难点：一是最佳税率如何确定；二是税率高过最佳税率后减税是否一定能增加税收。关于最佳税率的确定，拉弗曾分析说：当税率为零时，政府税收是零；当税率为100%时，政府税收也是零，故最佳税率在零与100%之间。可在零与100%之间具体怎样确定拉弗却没说，其实不是他不想说，而是他也说不清楚。

一个国家的税负水平，是指税收总额在 GDP 中的占比。据国际货币基金组织（IMF）对 47 个国家和地区宏观税负水平的测算，2008 年，23 个发达国家的税负水平平均为 27.7%，最高为 47.1%、最低为 14.6%；而 24 个发展中国家平均为 22.7%，最高为 37.7%、最低为 16%。各国差异如此之大，恐怕谁也不知道最佳税率是多少。问题在于，不知道最佳税率，政府怎知道该不该全面减税？当年美国共和党内部对减税产生争议，就是因为对最佳税率认定有分歧。

最佳税率难以确定是一方面；另一方面，即便知道了最佳税率，减税能否增加政府税收也不一定。让我们以所得税为例作分析：政府征收所得税的多少，取决于两个因素：一是利润（应税所得额），二是税率。假定某企业投资 2000 万元，利润率 10%，则企业利润是 200 万元。若现行税率为 25%，则政府税收为 50 万元。现在再假定最佳税率是 20%，根据拉弗曲线，政府就应将税率从 25% 减至 20%。

减税的结果会怎样呢？拉弗认为随着企业投资扩大，利润会增加，于是政府税收会增加。理论上不否认有这种可能，但拉弗只讲对了一半。事实上，投资增加并不等于利润（应税所得额）增加，两者不是一回事。经济学的边际收益递减规律说：当企业投资达到一定规模后，再增加投资边际收益会下降。一旦利润率进入下降期，企业增加投资，政府的税收却不会增加。

还是用上面的例子。政府将税率从 25% 减至 20%，政府当年减少收税 10 万元，企业可增加 10 万元投资，这样总投资扩大到 2010 万元；由于边际收益率递减，假定利润率从 10% 降为 9%，则企业总利润为 180.9 万元，若按最佳税率 20% 征税，政府税收为 36.18 万元。如此一来，政府税收与减税前比不仅没增加，反而减少了 13.82 万元。

可再换个角度思考。企业什么时候减税呼声最高？当然是经济萧条期。经济萧条意味着生产过剩，此时减税固然可刺激投资，但若供给结构不变，扩大投资对过剩不过是雪上加斤。企业过剩产能不去，利润不可能增加。利润不增加，怎可断定全面减税能增加税收呢？由此看，供给学派的理论不可简单地照搬。我们实施积极财政政策需要减税，但重点应是结构性减税。

从现实观察，中国的减税确实不同于供给学派的减税。2009年为应对国际金融危机，政府开始减税，近10年我们一直坚持结构性减税。前不久国务院公布了2019年的减税方案：制造业等行业的增值税税率从16%降至13%；交通运输业、建筑业等行业的增值税税率从10%降至9%；生活性服务业保持6%的税率不变。对同一行业，此次减税是普惠性的；可对不同行业，减税却是结构性的。

坚持实施稳健货币政策

2008 年国际金融危机爆发后，美欧发达国家相继实施量化宽松货币政策，而中国的货币政策却一直保持稳健。近几年我国经济下行压力加大，有人主张我们也应实施宽松的货币政策。年前召开的中央经济工作会议强调："稳健的货币政策要松紧适度"。李克强总理在 2019 年《政府工作报告》中也重申"继续实施稳健的货币政策"。对这个问题怎么看？本文将重点从理论层面作分析。

货币政策的"规则"与"权变"之争

货币到底是"中性"还是"非中性"

增加就业是否一定要承受高通胀

中国的货币政策选择

坚持实施稳健货币政策

2008 年国际金融危机爆发后，美欧发达国家相继实施量化宽松货币政策，而中国的货币政策却一直保持稳健。近几年我国经济下行压力加大，有人主张我们也应实施宽松的货币政策。年前召开的中央经济工作会议强调："稳健的货币政策要松紧适度"。李克强总理在 2019 年《政府工作报告》中也重申"继续实施稳健的货币政策"。对这个问题怎么看？本文将重点从理论层面作分析。

货币政策的"规则"与"权变"之争

20 世纪 50 年代，国际上围绕货币政策发生了一场"规则"与"权变"之争。以国家干预经济为基调的凯恩斯学派，倡导"相机抉择"的所谓"权变"政策，在他们看来，经济生活仿如一条有着荣枯周期的河流，而货币供应就是一道闸门，政府作为"守闸人"，应时刻根据"河流"的荣枯状况，相应地关闭或开启"闸门"，从而达到平衡货币供求、缓解经济波动的目的。

然而到 20 世纪 50 年代后期，一股反对"权变"的旋风从美国东部刮起，其代表人物是货币学派的掌门人弗里德曼。弗里德曼指出，"权变"政策不仅不能收到预期效果，反而容易造成经济大起大落。他认为政府应把货币供应增长率相对稳定在与经济增长率大体一致的水平上。此主张称为"简单规则"的货币政策。

弗里德曼为何主张要用"简单规则"的货币政策？他通过研究大量的货币资料发现，从中央银行货币供应变化到经济生活中反映出这种变化之间存在两个"时滞"期：货币增长率的变化平均需在 6—9 个月以后才能引起名义收入增长率的变化；而在名义收入和产量受到影响之后，平均要再过 6—9 个月价格才会受到影响，因此，货币政策生效的时间往往要一年或一年半以上。

正因为存在 12—18 个月的"时滞"期，于是弗里德曼提出推断：由于中央银行无法掌握实施权变政策所需的必要信息，也无法准确预知现实社会对货币政策反应的程度，这样央行在扩大和收紧货币供应时，往往容易做过头：要么对经济刺激过度，要么对经济紧缩过度。而无论出现哪一种结果，皆会令经济更剧烈地波动和不稳定。

弗里德曼进一步分析说，"权变"政策虽能在短期内控制失业，但时间一长失业率便会反弹。因为增加货币供应虽能压低利率、刺激投资，但随着投资不断扩大，人们收入会增加；人们收入增加后会对商品需求增加。而需求一旦大于供给，物价水平上涨就会带动利率上升。如此一来，又会使投资减少、失业增加。

第二次世界大战以来的事实证明，实施"权变"政策确实让不少国家经济陷入了怪圈："为减少失业—增加货币供应—利率下降—投资扩大—收入增加—物价上涨—利率反弹—投资收缩—失业增加"。所以弗里德曼说，政府与其手忙脚乱地改变货币供应，倒不如实施"简单规则"的货币政策。并强调"简单规则"是确定货币供应的航线，只要不偏离此航线，便可避免经济大幅波动。

是的，由于"权变"政策无法解决西方国家的"滞胀"问题，到 1975 年前后，当时世界七大工业国家中有五个实行"简单规则"货币政策，瑞士、联邦德国、日本曾用此规则成功地控制了通胀；以撒切尔夫人为首相的英国保守党政府，更是唯"简单规则"是瞻；美国前总统里根提出的"经济复兴计划"，也把控制货币供应增长作为重要目标。

货币到底是"中性"还是"非中性"

追溯理论源头，最早主张"权变"政策的并不是凯恩斯，而是瑞典经济学家维克塞尔。1898 年，他的《利息与价格》一经出版便轰动整个欧洲。关于维克塞尔对经济学的贡献，学界公认：他首次将价格分析与货币分析加以连接；并首次提出了"货币非中性理论"。

为方便分析，让我对维克塞尔的货币非中性理论作简要介绍。

古典经济学家大多认为货币是中性的。即价格由商品供求决定，货币供应增减只会影响价格总水平而不会改变商品的比价，故不会对经济产生影响。而维克塞尔的看法相反，他认为货币不仅是交换媒介，而且有储藏功能。当人们卖出商品后不马上购买，货币被储藏，商品供求就会失衡，从而对经济产生影响，所以他认为货币是非中性的。

维克塞尔据此还分析说：由于货币非中性，要想让商品供求恢复均衡就得用"利率"调节价格。而且借用庞巴维克的"自然利率"与"实际利率"论证了自己的观点。所谓自然利率，是指不存在货币时的"实物资本"借贷利率；而实际利率则是指"货币资本"的借贷利率。维克塞尔指出，自然利率不同于实际利率，前者不影响价格，后者会影响价格。

他的推理是这样：当实际利率低于自然利率，企业会觉得有利可图而增加贷款、扩大投资，投资需求增加会推高原材料、劳动力与土地等要素的价格。要素价格上涨，要素所有者的收入增加，又会拉动消费品价格上涨，于是价格就形成了一个向上累积的过程。反过来，若实际利率高于自然利率，价格变动方向相反，会出现一个向下累积的过程。

于是维克塞尔得出结论：利率与价格之间有某种内在的因果关系。而且由于货币的存在，实际利率往往会偏离自然利率。也正因如此，要想保持价格稳定就必须适时调控实际利率，让实际利率与自然利率保持一致。今天学界流行的"利率工具论"，正是由此而来。

对此论证不知读者怎么看。若仔细推敲，我们就会发现有诸多疑点。如维克塞尔说货币出现后实际利率会偏离自然利率就难以成立。根据庞巴维克的定义，利息是货币时差之价；而货币理论大师费雪将利息定义为"不耐"（急于消费）的代价。两人表述不同但意思相近，即利率高低取决于社会的"不耐"程度，与借贷品是"实物"还是"货币"无关。

这样问题就来了：既然利率是由社会"不耐"程度决定，实际利率与自然利率就不可能偏离。维克塞尔认为可能偏离，是由于他将利息看成了货币的价格。事实上，利息并非货币的价格，也不由货币供求决定。货币作为一般等价物，价格只能由它交换的商品数量来体现。如一把斧头的价格为 10 元，则 10 元货币的价格为一把斧头。另一个证据，人类在货币出现之前利息早就存在了，怎能说利息是货币的价格呢？

关于价格上涨的原因，经济学说：某种商品价格上涨，是因为商品供不应求；而价格总水平上涨，则是由于货币供过于求。换句话说，利率既不能改变某种商品价格，也不能影响价格总水平。照维克塞尔的说法，实际利率低于自然利率企业会扩贷。可如果不增加货币供应，企业无款可贷，利率怎可能拉高要素价格？要素价格不涨，要素所有者收入不增加，消费品价格怎可能上涨？可见，决定价格总水平的是货币量而非利率。

再想多一层：即便实际利率与自然利率可能出现偏离，请问在货币经济下央行能知道自然利率是多少吗？当然不可能知道。问题就在这里，既然央行不知道自然利率是多少，又如何去调控实际利率呢？由此看，调控实际利率使之与自然利率一致的说法，不过是维克塞尔根据"货币非中性"提出的一种设想。由于"货币非中性"理论不成立，此政策设想也就没有可操作性。

增加就业是否一定要承受高通胀

凯恩斯提出"权变"政策之后，有学者为了支持凯恩斯的观点，研究了通胀与失业的关系，指出了通胀率与失业率会呈反向变化，即通胀率越高，失业率会越低；而失业率越高，通胀率会越低。并在平面坐标图上用一条曲线来反映这种关系，此曲线被称为"菲利普斯曲线"。

这里要说明的是，菲利普斯本人当初研究的是工资率与失业率的关系。1958 年他在《经济学》杂志发表论文，分析了英国 1861 年至 1957 年工资与失业的数据，他发现历史上工资率上升的年份，失业率往往都相对低。因此他提出名义工资率变动是失业率的递减函数。

菲利普斯今天大名鼎鼎，可让他走红的并不是他自己的文章。1960 年，萨缪尔逊与索洛在《美国经济评论》上发表《关于反通货膨胀政策的分析》一文，他们以菲利普斯的研究作基础，用美国的数据替换英国的数据，用通胀率替换工资率，提出通胀率与失业率也呈反向变化的推论。其政策含义是，低通胀与低失业不可得兼：一个国家若要保持较低失业率，就得承受较高的通胀率；若希望保持较低通胀率，就得承受较高的失业率。

客观地讲，菲利普斯本人的结论并无大错，但那也只是特定经济发展阶段的现象，因为菲氏研究所用的数据是二战前的数据。二战前，第三次新技术革命尚未到来，机器自动化程度远不及今天高，那时工资率上升，表明企业用工需求大，劳动力供不应求，失业率当然会下降。可 20 世纪 70 年代后，智能机器的出现使企业对人工需求不再有刚性，工资率上升，企业有可能用机器代替人工，令失业率也上升。

那么萨缪尔逊与索洛的结论是否成立呢？事实上，国际上已有不少学者对"菲利普斯曲线"提出质疑，不赞同简单地用通胀率替代工资增长率。而萨缪尔逊与索洛对为何要作这样的替代曾有三点解释：第一，价格等于成本加利润；第二，工资是企业的重要成本；第三，价格与成本变动方向一致。以上解释看上去无懈可击，但其实经不起推敲。

众所周知，现实中价格有卖方价、买方价、市场价三种形式。按成本加成定价是卖方价，若商品短缺，卖方价可以是市场价；但若商品过剩，卖方价便不是市场价。从国际范围看，市场过剩是常态，故市场价格通常是由需求决定而非成本决定。这是说，工资上升会推高成本，而成本增加却不一定推高市场价格。此其一。

其二，商品价格的决定是微观经济行为，比如商品房的价格，就是由开发商与消费者讨价还价决定的。而通胀率却不同，它是经济总量指标，其高低要由货币供求决定，弗里德曼说通胀始终是货币现象，是说只要货币不超量投放，成本不可能推动通胀，结构性因素也不可能推动通胀。通胀只一个原因，它只能由货币需求拉动。

由此看，用通胀率替换工资率并不可取，由此推出的"菲利普斯曲线"也不可信。如20世纪70年代美国的通胀率上升，而失业率却不降反升。中国近几年货币政策保持稳健，居民消费价格指数（CPI）控制在2%左右，而就业率却大为可观，政府希望每年增加1000万人就业，而每年实际增加就业1300多万人，有权威数据说，目前我国城镇登记失业率为4.05%。

中国低失业而未高通胀，证明"菲利普斯曲线"也不成立。

中国的货币政策选择

根据前面分析，我们不难理解中国为何要坚持实施稳健货币政策。

第一，西方发达国家的实践证明，凯恩斯主张的"权变"政策虽然短期内对扩大就业有效，但长期会加剧经济波动，令经济陷入"一放就热，一收就冷"的循环怪圈。美国等西方国家曾经出现的"滞胀"是前车之鉴，中国经济要避免重蹈覆辙，就应保持定力，坚持稳中求进的工作总基调，继续实施稳健的货币政策。

第二，"货币非中性理论"与"菲利普斯曲线"是通过历史经验数据归纳的理论，这两个理论皆经不起事实验证，说明它们并非是科学的理论，这样也不能作为支持凯恩斯"权变"政策的理论依据，既然"权变"政策缺乏科学的理论支撑，当然不可简单照搬而作茧自缚。

第三，当前中国经济面临的困难有需求不足的原因，但主要是结构性问题，为此我们要毫不动摇地推进供给侧结构性改革，而不是用通胀的办法刺激经济。中央提出今后几年要将CPI控制在3%以内，那么我们在实施积极财政政策的同时，货币政策必须保持相对稳健。

推进供给侧改革也是扩内需

　　近年来我国经济面临下行压力，最近美国对部分中国商品加征关税，贸易摩擦不断升级，央行宣布定向降准释放约7000亿元流动性。在这样的背景下，有人认为政府未来的政策重心应从供给侧转向需求侧，并将扩大内需作为主基调。我认为，中国经济保持持续健康发展需要扩内需，但扩内需绝不能动摇供给侧结构性改革。要清醒地认识到，推进供给侧结构性改革也是扩内需，而且是积极的扩内需。

供给侧改革是从供给侧扩内需的中国方案
从供给侧扩大内需要立足当前、着眼长远
改进供给是立足供给侧扩大内需的关键

推进供给侧改革也是扩内需

近年来我国经济面临下行压力，最近美国对部分中国商品加征关税，贸易摩擦不断升级，央行宣布定向降准释放约7000亿元流动性。在这样的背景下，有人认为政府未来的政策重心应从供给侧转向需求侧，并将扩大内需作为主基调。我认为，中国经济保持持续健康发展需要扩内需，但扩内需绝不能动摇供给侧结构性改革。要清醒地认识到，推进供给侧结构性改革也是扩内需，而且是积极的扩内需。

供给侧改革是从供给侧扩内需的中国方案

在 2015 年 11 月 10 日召开的中央财经领导小组第十一次会议上，习近平总书记首次提出了供给侧结构性改革。党的十九大报告指出，深化供给侧结构性改革。把发展经济的着力点放在实体经济上，把提高供给体系质量作为主攻方向，显著增强我国经济质量优势。由此可见，供给侧结构性改革的核心要义，是政府管理经济的重心应从原来的需求侧转向供给侧。

学界长期以来存在一种误解，认为扩大内需只能从需求侧着手。事实上，从供给侧也可以扩大内需。若生产过剩是由于总需求不足引起的，当然要从需求侧扩内需；但若生产过剩是由结构性问题所致，那么就应从供给侧扩内需。当前我国面临的主要问题是结构性矛盾：一方面生产成本上升，人口红利逐渐消失，劳动力、土地、能源等要素价格上涨，生态资源和环境承载能力已经达到或接近上限；另一方面，产业升级缓慢，过剩产能累积，需求外溢严重。习近平总书记明确指出，在"三期叠加"的大背景下，影响经济增长的突出问题有总量问题，但结构性问题更为突出。问题变了，解决问题的思路也要变，从需求侧扩大内需虽能实现总量平衡，却解决不了结构性矛盾。只有从供给侧扩大内需，才能实现由低水平供需平衡向高水平供需平衡的跃升。

回溯经济学发展史，不同时代的经济学家，对政府管理经济的看法是不同的。1803 年，萨伊在《政治经济学概论》中提出了"供给自动创造需求"的原理，这一原理被称为"萨伊定律"，其理论立足点无疑是在供给侧。在萨伊看来，有供给就一定有需求，市场能够自动出清。可是 1929 年至 1933 年西方经济发生大萧条，令"萨伊定律"不攻自破。1936 年，凯恩斯用所谓"边际消费倾向递减、资本边际收益递减和流动性偏好"等三大心理规律，论证了经济萧条的原因是社会有效需求不足，并提出政府要通过刺激投资和消费扩大有效需求。从此，政府管理经济的重心从供给侧转向了需求侧。

然而时过境迁，凯恩斯的立论基础已经不存在了。比如"边际消费倾向递减规律"认为，当人们收入增加时消费也会增加，但消费增加却赶不上收入增加，这样使新增消费在新增收入中的占比不断下降。可第二次世界大战后随着消费信贷的兴起，欧美国家居民储蓄率急剧下降，说明消费倾向递减只是一定经济发展阶段的规律，并非永恒不变的规律。再比如"流动性偏好"，凯恩斯说由于人们有保持现金的偏好，政府不能通过调低银行利率的办法刺激投资，否则会陷入流动性陷阱。而我们今天看到的事实是，信用卡消费风靡全球，手机移动支付越来越普遍，大多消费者不再有流动性偏好。

20世纪70年代西方经济陷入"滞胀"后，凯恩斯理论更是受到广泛质疑。为摆脱"滞胀"，供给学派应运而生并一度成为美国的国策，政府管理经济的重心从需求侧又回到了供给侧。从政策取向看，供给学派与凯恩斯主义其实并无大异。供给学派也主张刺激投资，不过办法是从供给侧减税。里根主政时期曾大量削减政府开支，降低个人所得税和企业利润税。从实际效果看，减税虽然降低了企业成本，短期内也确实拉动了经济，但并没有解决美国的生产过剩问题，相反却加剧了结构性矛盾。

习近平总书记提出的"供给侧结构性改革"立足于供给侧扩大内需，既不同于凯恩斯的需求管理理论，也不同于西方供给学派，更不是对"萨伊定律"的回归，而是基于我国经济发展实践，综合研判全球经济大势和我国经济发展新常态作出的重大战略抉择，是马克思主义政治经济学中国化的重大理论创新成果，是保持经济持续健康发展的中国智慧与中国方案。

从供给侧扩大内需要立足当前、着眼长远

坚持从供给侧扩大内需，必须处理好近期任务与长期目标的关系。从近期看，要重点解决好当前面临的供求结构性矛盾，激活国内需求潜力；从长期看则是建立从供给侧持续扩大国内需求的长效机制。习近平总书记强调指出，要立足当前、着眼长远，从化解当前突出矛盾入手，从构建长效体制机制、重塑中长期经济增长动力着眼，既要在战略上坚持持久战，又要在战术上打好歼灭战。

从供给侧扩大内需，当前就是要坚定不移地落实"三去一降一补"，减少低端和无效供给，扩大有效和中高端供给，用更有效的供给满足消费者需求。可是目前有一种观点，认为"三去一降一补"只是供给侧的存量调整，与扩大内需没有关系。这种观点显然是片面的。事实上，中央要求"去产能、去

库存"，就是为了给有效供给腾空间，就是在调整国内的供求矛盾；"去杠杆、降成本"，目的是提高企业竞争力，为满足国内需求提供更多物美价廉的商品；而"补短板"则是为了实行进口替代，将消费者的国外需求转化为国内需求。

需要特别指出的是，经过近几年的改革，"三去一降一补"虽已取得阶段性成效，整体经济运行质量和效果已得到显著提升，但这并不等于供给侧结构性改革已经大功告成，更不能由此产生歇气松懈的思想。应该看到，供给不适应需求的问题还依然存在，在某些产业或行业甚至还比较严重，我们要按照中央的要求和部署，在战术上继续打歼灭战。同时，还要注意将近期任务与长期目标保持衔接，要把改进当前供给质量与建立合理的供给体系结合起来，在战略上坚持打持久战。

在战略上坚持打持久战，总体思路是加快完善社会主义市场经济体制，要以完善产权制度和要素市场化配置为重点，实行产权有效激励、要素自由流动、价格反应灵活、竞争公平有序、企业优胜劣汰，最终形成从供给侧持续扩大内需的体制机制，使我国的供给结构和供给能力更好地满足人民群众不断升级的需求，从体制机制上解决供求脱节问题。

具体到操作层面，要推动四个方面的改革：一是加快要素价格市场化改革，完善市场监管体制，用市场价格信号引导资源优化配置；二是完善国有资产管理体制，改革国有资本授权经营体制，强化企业的市场需求导向；三是完善促进消费的体制机制，增强消费拉动国内需求的作用；四是深化投融资体制改革，通过优化投资结构优化供给结构，进一步提高供给适应需求变化的灵活性。

改进供给是立足供给侧扩大内需的关键

供求总量平衡和结构平衡，是保持经济持续健康发展的必然要求。关于供给与需求的关系，习近平总书记指出："二者你离不开我、我离不开你，相互依存、互为条件。没有需求，供给就无从实现，新的需求可以催生新的供给；没有供给，需求就无法满足，新的供给可以创造新的需求。"这段话讲得很清楚，扩大需求可以拉动供给，而改善供给、创造供给也可以扩大需求。

马克思曾经说过："供给本身就是对具有一定价值的一定产品的需求。"这句话的意思不难理解，商品交换是不同使用价值的交换，商品生产者之所以出卖自己的商品，目的是为了购买别人的商品，既然大家都是"为买而卖"，有供给当然就有需求。从收入与消费之间的关系看，人们的消费水平要由收入水平决定。如果一个企业有效供给增加，企业利润和员工收入会相应增加，人们收入增加无疑会带动消费需求增加。由此可见，从供给侧扩大内需，关键是要不断改进供给，不断创造出新的供给。

坚定不移地推进供给侧结构性改革，立足于供给侧扩大内需，其意义至少体现在以下三方面。

其一，改进供给可以更好地满足国内需求。党的十九大报告指出，中国特色社会主义进入新时代，我国社会主要矛盾已经转化为人民日益增长的美好生活需要和不平衡不充分的发展之间的矛盾。随着我国经济实力不断提升，居民收入迅速增长，对优质商品和服务的需求日益强烈，可由于目前国内的供给质量无法满足人民群众日益增长的需求，导致大量国内消费需求转向出境购物和"海淘"上，而国内本土产品却严重滞销。再如，我们一方面从国外进口大量机械设备，而国内生产的机械设备却严重积压。事实证明，我国不是需求不足或没有需求，而是需求变了，供给的产品却没有变，质量、服务跟不上。要改进国内供给质量和水平，就必须坚持供给侧结构性改革，当务之急是要通过优化生产要素配置，提高生产要素利用水平，促进全要素生产率提高，不断增强经济增长内生动力。此外，还要通过调整和优化供给结构，从根本上解决供给与需求错位问题，只有供给结构合理且产品质量优良，才能真正满足国内消费者的需求。

其二，改进供给服务可以引导需求、扩大需求。大量事实证明，消费需求是可以引导的。以国内新能源汽车为例，早些年消费者对新能源汽车并不看好，一个重要原因是充电桩等服务设施不配套。随着服务设施的完善，加上政府相关政策的引导，2018 年以来国内新能源汽车销售纪录不断被刷新。再比如，电子商务平台和物流业的迅猛发展，打破了实体店营业时间、店面位置的限制，为消费者提供了全天候、全方位、价格更优的购物体验。现在"网购"不仅在城市风靡，在广大农村地区也成为一种时尚。据有关研究机构的数据显示，2015 年中国的移动购物用户为 3.64 亿人，至 2017 年年底已达 5.27 亿人。

其三，创造新的供给可以创造新的需求。当人们的基本需求得到满足后，新的供给一旦出现就会带动产生新的需求。当今时代，社会化大生产的突出特点，就是供给侧一旦实现了成功的颠覆性创新，市场就会以波澜壮阔的交易生成进行回应。事实确实如此。工业革命前，人们主要是靠坐马车出行，而今天不仅可以坐火车还可以坐飞机。30 年前手机还没有问世，人们对手机没有需求。自从"大哥大"出现后，新的需求和产业链被创造出来，拥有智能手机的人数越来越庞大。放眼全球，通过创造供给不断创造新的需求，是经济发达国家的普遍做法，也是值得我们借鉴的重要经验。

高质量发展是大前提大逻辑

习近平总书记指出，现阶段，我国经济发展的基本特征就是由高速增长阶段转向高质量发展阶段。这个基本特征，是我们抓经济工作必须把握的大前提、大逻辑。并且强调推动高质量发展是当前和今后一个时期确定发展思路、制定经济政策、实施宏观调控的根本要求。理论上如何把握高质量发展的科学内涵？在实践层面怎样推动经济高质量发展？是摆在我们面前一项重大课题，需要深入研究探讨。

经济健康发展必须转向高质量发展
高质量发展必须推动产业跨越式升级
产业跨越式升级必须依靠创新驱动

高质量发展是大前提大逻辑

习近平总书记指出，现阶段，我国经济发展的基本特征就是由高速增长阶段转向高质量发展阶段。这个基本特征，是我们抓经济工作必须把握的大前提、大逻辑。并且强调推动高质量发展是当前和今后一个时期确定发展思路、制定经济政策、实施宏观调控的根本要求。理论上如何把握高质量发展的科学内涵？在实践层面怎样推动经济高质量发展？是摆在我们面前一项重大课题，需要深入研究探讨。

经济健康发展必须转向高质量发展

我国经济要由高速增长阶段转向高质量发展阶段，那么何为高质量发展？马克思曾提出外延扩大再生产和内涵扩大再生产两种方式。根据马克思的划分，高投入所带动的高增长是外延扩大再生产；而以提高效率为特征的高质量发展，则是内涵扩大再生产。对高质量发展，中央也有明确的解释，是创新成为第一动力、协调成为内生特点、绿色成为普遍形态、开放成为必由之路、共享成为根本目的的发展。

在经济学里，发展与增长确实是两个不同的概念。美国经济学家金德尔伯格在 1973 年出版的《经济发展》一书中作过这样的解释："如同一个人，增长是指身高体重的增加，发展则是指知识素质的提升。"由此他进一步指出，增长重点强调的是经济总量，发展虽然也要有一定的总量，但重点强调的却是经济质量。

全面理解高质量发展的科学内涵，应把握三个要点：一是以科技创新为动力；二是以资源集约和节约为前提；三是以提升产出质量和效率（竞争力）为目标。用一句话概括，就是要通过动力变革实现经济发展的质量变革与效率变革。如果这样理解高质量发展，那么接着的问题是：我国经济为何要从高速发展转向高质量发展？我们可以从以下三个方面看。

首先从对外出口看。无须讳言，我国过去 30 多年经济高增长得益于成功实施"出口导向战略"。可 2010 年中国成为全球第二大经济体后，外部环境发生了变化，美国等西方国家推行贸易保护主义，开始围堵中国的出口。由于我国出口到发达国家的产品大多是劳动密集型产品，这类产品其他发展中国家也生产，而且成本比我们更低。在中高端产业方面，由于美欧发达国家近年来大幅减税吸引了高端制造企业回流，而我国中高端制造业却相对落后，因此要想靠出口中低端产品拉动经济已经难以为继。

从国内投资需求看。自2010年以来，我国的投资和消费增长率出现了下滑趋势。国际经验表明，当一个国家进入中等收入阶段后，大规模基础设施投资已经完成，若继续加大基础设施投资，其边际收益必然大幅递减。目前我国所面临的困难正是如此，我们不仅拥有了较为完备的公共基础设施，而且已建成了中低端制造业体系。随着投资空间的逐步缩小，今后若再主要靠投资拉动经济也已难以为继。

另外从供需结构看。经济学有一个基本原理：收入决定消费。意思是说：中低收入群体对中低端产品有消费需求；中等收入群体消费升级会产生新的消费需求；高收入群体对具有高附加值的高端产品有需求。改革开放40年来，我国中高收入群体在日益扩大，需求结构也发生了巨大的变化，可长期以来我们的生产要素却集中于中低端产业，导致中高端产业发展相对滞后，从而造成了中低端产品过剩与中高端产品短缺的矛盾。这种局面不改变，我国经济持续健康发展也将难以为继。

正是基于以上现实，习近平总书记指出，推动高质量发展，是保持经济持续健康发展的必然要求，是适应我国社会主要矛盾变化和全面建成小康社会、全面建成社会主义现代化强国的必然要求，必须深刻认识、全面领会、真正落实。

高质量发展必须推动产业跨越式升级

人类社会经济发展史表明，产业升级通常是从"劳动密集型"升级到"资本密集型"，然后再从"资本密集型"升级到"技术密集型"。需要研究的是，中国经济实行高质量发展是否也应遵循这一升级路径？我们是否能超越这一路径而实现跨越式升级？要回答这个问题，我们首先要弄清楚传统产业升级的路径是怎样形成的。

农业是最古老的产业之一。众所周知，人类早期农业的生产效率极低，直到 17 世纪工业革命到来，机器的发明推动了机械农具的采用，农业才得以升级。不过到 19 世纪末，农具的自动化程度虽不断提高，但种植技术却未有大的改进，故此前的农业称为"传统农业"。进入 20 世纪后，生物技术开始应用于农业，传统农业便升级为现代农业。

事实上，在工业化中期之前，其他产业的升级路径也是如此。如制造业先从手工生产升级到机械化生产，然后再升级到智能机器生产。服装业最初也是手工缝制，后来采用半自动缝纫机，而今天则采用全自动化机器。也正因如此，所以马克思当年用"资本有机构成"反映企业的技术进步水平。

所谓资本有机构成，指的是由企业技术构成决定的资本价值构成。假定某企业原来一个工人操作一台机器；而现在一个工人操作5台机器，这样技术构成提高了5倍。技术构成提高，资本有机构成当然也随之提高。由此可见，资本有机构成提高的过程，就是产业从劳动密集型向资本密集型升级的过程。应当追问的是：工业化中期之前，为何产业会普遍从劳动密集型向资本密集型升级？

马克思解释有两个方面原因：一方面，企业有追求利润最大化的动机，为取得超额利润，行业内部的企业必出现竞争；另一方面，由于产品的市场价格不是由某个企业决定而是由市场决定，这样企业要争取超额利润只能降成本。比如有两家企业生产玻璃杯，每只市场价格为10元。当价格由市场锁定后，企业要赚取更多利润就必须降低生产耗费或者提高生产效率，可这两者都需使用先进的机器。

要指出的是，马克思分析的是工业化中期前的情形。当工业化进入中后期，特别是第三次新技术革命后，产业升级却发生了变化，有不少企业直接从"劳动密集型"跃升为"技术密集型"，也有企业一经设立便是"技术密集型"，微软、英特尔、苹果公司等就是典型的例子；国内的大牌制药企业"同仁堂""九芝堂"等，产业升级也主要靠提升技术含量，而不是提高有机构成。

为何微软、苹果公司不再走传统产业升级的老路？对此我们可借助经济学的"受价"与"觅价"原理作分析。所谓"受价",是指企业只能被动地接受市场价格;"觅价"则是指企业可以自主决定产品价格。经济学指出,有的企业之所以能够"觅价",是因为此类企业有独特的领先技术,别人无法竞争,它可通过调控产量主导定价。

问题的关键就在这里。一个企业一旦拥有了觅价权,争取超额利润就无须降成本,当然也就用不着提高资本有机构成。同时,由于市场上存在众多的潜在竞争者,为了维护自己的觅价权,企业会不断加大创新投入,让产品向更高的技术层面升级。现实生活中不乏这样的例子,苹果手机已升级到 iPhone 11,可苹果公司自己主要是做研发,产品生产加工却委托给了别的企业。

分析至此可得三点结论:第一,产业升级是部门内企业竞争的结果,目的是争取超额利润;第二,产业升级路径取决于觅价权,企业没有觅价权会向资本密集型升级,而有觅价权则向技术密集型升级;第三,觅价权来自独特的领先技术,一个企业要想实行产业跨越式升级,前提是必须拥有自主创新的领先技术。

产业跨越式升级必须依靠创新驱动

中国要实行产业跨越式升级,必须转换发展动力,从过去的投资、出口拉动转换为创新驱动。这样就引出了一个问题：如果科技创新是产业升级的驱动力，那么科技创新的动力从何而来？目前人们的共识，是通过体制创新推动科技创新。关于体制创新与科技创新，习近平总书记有个非常精辟的比喻："如果把科技创新比作我国发展的新引擎，那么改革就是点燃这个新引擎必不可少的点火系。"

通过体制创新增强科技创新动力，必须明确科技创新的主体和不同主体追求的目标，因为创新主体和目标与创新动力紧密相关。目前流行的说法，科技创新主体有三个：一是政府；二是企业；三是科技人员。我的看法，政府是体制创新主体而非科技创新主体，政府可推动科技创新但不直接从事科技创新；企业与科技人员是创新主体，但两者追求的目标却又有所不同。

政府作为体制创新主体，其动力来自对民族复兴的追求。鸦片战争后一百年，中国积贫积弱，新中国成立后，实现中华民族伟大复兴一直是我们追求的目标。可是新中国成立之初的一个时期，由于西方国家的封锁，我国经济发展处处受制于人。1978年，党的十一届三中全会与全国科技大会召开，明确提出"以经济建设为中心"与"科学技术是第一生产力"，由此中国进入了改革开放新时期。

企业的创新动力，则来自对利润最大化的追求。有利润最大化的牵引，照理企业应该积极创新，可时下不仅国企缺乏创新动力，民企也普遍创新不足。究其原因，是因为创新有风险。美国经济学家奈特在《风险、不确定性与利润》一书中曾将企业分为三类：风险偏好型；风险规避型；风险中立型。由于创新失败的概率高，而大多企业又属风险规避型，若没有相应的风险分担机制，企业当然不愿创新。

科技人员的创新动力，一方面来自他们的报国情怀，另一方面也来自对自身利益的关切。但无论出于何种动机，科技人员都不会缺少创新动力。有数据显示，我国专利申请连续六年居全球之首，年均超过 100 万件；到 2017 年年底专利拥有量已超过 100 万件。两个 100 万足可佐证这一判断。

由此看来，当前增强创新动力，重点是在政府与企业。关于推动体制创新，关键是要通过中央顶层设计，并利用中央的权威加快"放管服"改革，进一步破除各种束缚创新发展活力的桎梏，最大限度减少政府对市场资源的直接配置，最大限度地减少政府对市场活动的直接干预，让亿万群众的聪明才智得到充分发挥，推动经济依靠创新提质增效。

增强国企创新动力，关键是激励或约束企业高管层。有两招：一是将技术创新（如研发投入）作为企业绩效考核的重要指标；二是对高管层采用"工资 + 期权"的薪酬机制，即工资与年度绩效挂钩，期权与整个任期的创新收益挂钩。鼓励民营企业创新，关键是建立创新风险分担机制，问题是这种机制如何建立？从国际经验看，创新板市场是分散风险的有效机制。纳斯达克（创新板）对推动美国技术创新居功甚伟，而英国

1995 年也开放了创新板（AIM）。我国的科创板虽然已经在上海设立，但进出机制尚待完善，这方面的改革力度还应进一步加大，以便为企业创新提供融资平台并分担风险。

怎样推进"三去一降一补"

中央经济工作会议强调，必须坚持以供给侧结构性改革为主线不动摇。要巩固"三去一降一补"成果，推动更多产能过剩行业加快出清，降低全社会各类营商成本，加大基础设施等领域补短板力度。本文将从理论层面就怎样推进"三去一降一补"作分析，并提出相关的操作性建议。

"去产能、去库存"须让市场起决定性作用
稳投资杠杆必须管控好消费杠杆
降企业内部成本与减税要双管齐下
政府补短板重点是弥补市场失灵

怎样推进"三去一降一补"

中央经济工作会议强调，必须坚持以供给侧结构性改革为主线不动摇。要巩固"三去一降一补"成果，推动更多产能过剩行业加快出清，降低全社会各类营商成本，加大基础设施等领域补短板力度。本文将从理论层面就怎样推进"三去一降一补"作分析，并提出相关的操作性建议。

"去产能、去库存"须让市场起决定性作用

近几年"去产能、去库存"成效显著，于是学界有一种观点认为，下一步"去产能、去库存"应重点转向扩内需。这里涉及一个基本判断：产能过剩到底主要是结构性原因还是总需求不足？判断不同，应对办法自然也会不同。中央指出，当前国内产能过剩主要是结构性的，对此我们可从"局部均衡"和

"一般均衡"两个角度来分析。

从局部均衡角度看，假若某商品价格由供求决定，则该商品不会过剩。以电视机为例，若厂商定价是每台 3000 元，消费者出价也是每台 3000 元，电视机正好供求平衡，产品不会压库。反之若厂商定价 3000 元，消费者出价 2500 元，此时厂商若不降价，电视机就会积压。由此可见，一种商品库存增加，原因是不能持续降价。

商品供过于求，厂商为何不降价呢？原因是销售价格低于生产成本，企业就会亏损。换句话说，是商品的销售价格被成本锁定了。问题就在这里，企业要是短期内不降价只会增加产品库存；但若半年不降价，企业就得限产（比如关闭部分生产线），形成产能过剩；而如果超过一年还不降价，这家企业就会变成"僵尸企业"。

以上分析的是一种商品。从一般均衡看，市场之所以存在产品库存与产品短缺并存，原因其实也在价格。"瓦尔拉斯定律"说：在理论上，市场一定存在一组价格体系，可以令全部商品的供给与需求平衡。反过来理解，市场如果不能全部出清，则是因为社会商品比价（价格体系）不合理，是价格体系失衡导致了供求结构失衡。

以国内煤炭生产为例。前几年煤炭生产过剩，原因之一是煤炭企业未支付原煤成本。照理说，企业生产加工所需原料是应该付费的，比如纺纱厂需要棉花就得花钱购买；可煤炭企业的原煤却免费供给，实际上，就等于政府给了企业变相补贴。既然原煤免费，企业当然会不断扩产。这样看，煤炭生产过剩也就不足为怪了。

要追问的是，如果煤炭生产过剩是因为原煤免费，可钢铁产能为何也过剩呢？问题的症结还是在价格。前些年煤炭价格一路上涨，而电价却受到管制，由于煤电价格未能联动，一方面造成了电力企业亏损；而另一方面钢铁企业却享受了用电优惠。钢铁、电解铝等高耗电行业产能过剩，用电价格相对较低应是一个重要因素。

再看"僵尸企业"。前面说过，企业因产品压库或产能过剩而持续亏损，如果超过一年仍不关停并转即为"僵尸企业"。为何会有"僵尸企业"存在？经济学的推断是背后有政府支撑。事实也确实如此。前些年我调研过一些亏损企业，有的企业资不抵债却苟延残喘，就是由于地方政府一直在给企业输血。要是政府不输血，企业不可能存续下来。

综上分析，用市场机制"去产能、去库存"须把握三个要点：一是商品价格由市场决定，让价格体系体现需求变化；二是放宽市场准入，鼓励要素流动，让供给结构适应需求变化；三是取消对"僵尸企业"的补贴。同时，政府也要做好三件事：进一步简政放权；维护公平竞争环境；为"僵尸企业"下岗职工提供基本的托底保障。

稳投资杠杆必须管控好消费杠杆

学界有一种流行说法：投资、消费、出口是拉动经济的"三驾马车"。而我认为，投资、消费、出口并非"三驾马车"，三者合起来是"一驾马车"。其中消费是"马"，投资是"车"，出口是车后面的"货厢"。也就是说，投资要以消费为牵引，若没有消费需求，企业是不会贸然扩大投资的。所以防范金融风险要管控投资杠杆，但首先要管控好消费杠杆。

投资由消费带动，那么消费靠什么带动？古典经济学的观点，是收入决定消费。可是到马歇尔之后，经济学家的看法有了改变。费雪在1930年出版的《利息理论》中说，"收入是一连串的事件"（一系列消费活动）。如某人拥有10万元，若用7万元购买了消费品，这7万元便是他的收入；余下3万元不是收入而是他的资产（如储蓄、股票等）。显然，在费雪看来，收入有广义与狭义之分：狭义收入等于消费；广义收入则大于消费。

1936年，凯恩斯出版了《就业利息和货币通论》，为了解释一个国家的消费需求不足提出了"边际消费倾向递减规律"。意思是：随着人们收入增加，消费也增加，但消费增加却赶不上收入增加，这样消费在收入中的比重（消费倾向）会下降。从增量看，一个人收入越高，消费在收入中的占比就越低，故收入增长与消费增长并不同步。

20 世纪 50 年代后，由于消费信贷悄然兴起，于是出现了消费者的支出大于收入的现象。比如，有人用自己的收入本来买不起房，但有了消费信贷后他们便可通过银行贷款购买住房。有经济学家认为，这类现象的出现也证明收入决定消费的理论不成立。果真如此吗？有两位经济学家用自己的"假说"对此作了否定的回答。

莫迪利亚尼的"生命周期假说"指出：在人生的不同阶段，消费与收入会有不同的安排。通常的情形是：年轻时消费会大于收入，有负债；中年时收入会大于消费，有储蓄；老年时，消费会大于收入，用储蓄弥补缺口。前后算总账，一个人一生的消费，最终仍取决于他一生的收入，其消费并未超过收入。

弗里德曼的"持久收入假说"认为，收入分为现期收入与持久收入，而决定消费的是人们三年以上相对固定的持久收入，而非现期收入。现期收入固然对消费有影响，但影响不会太大。一个人现期收入不高，但若持久收入高，他也有可能增加消费，不然就不可能有消费信贷存在。

不难看出，以上两种假说讲的其实是同一道理：从短期看，一个人的消费有可能大于收入；但从长期看，消费终归还是要由收入决定。可这里有一个难题：照弗里德曼的假说，消费者按持久收入消费，银行按客户持久收入贷款，那么美国当年怎么会出现次贷危机呢？显然，其背后还有更深层的原因。

深层的原因是什么？我认为是消费杠杆率过高。举个例子解释：某人有 100 万元想购房，假定银行不提供房贷，那么他只能购买 100 万元的房产。现在假定有消费信贷，比如银行可提供 50% 的贷款，那么他用 100 万元就可购买到 200 万元的房产，杠杆率是 2 倍；而银行若提供 90% 的贷款，他用 100 万元便可购买 1000 万元的房产，杠杆率是 10 倍，可见信贷杠杆对扩大消费有举足轻重的作用。

当年美国发生次贷危机，正是杠杆率过高所致。这也给我们一个提醒，中国经济稳增长要提振消费，而提振消费需要消费信贷的配合。但要注意的是，扩大消费应控制消费杠杆，否则一旦形成虚假市场需求会推高投资杠杆率，所以去投资杠杆，前提是要管控好消费杠杆。

降企业内部成本与减税要双管齐下

关于降成本，目前学界的关注点集中在两方面：一是降企业内部成本；二是降企业外部税费。我国 2018 年减税已达 1.3 万亿元，2019 年减税力度还会加大。现在要研究的是，怎样进一步降低企业内部成本？回答这个问题，需要对成本有深入的认识，让我们先讨论如何理解经济学中的成本概念。

日常生活中，人们所谈论的成本大多是财务成本，如固定成本、变动成本、总成本、平均成本等。而经济学讲的成本则是机会成本，即作一种选择而放弃其他选择的最高代价。两者的区别：前者指价值耗费；后者强调成本要从选择角度看，一项投资（价值耗费）若存在选择，经济学认为是成本，若不存在选择，则不是成本。

于是这就带来一个问题：从选择角度看，财务成本中的固定资产折旧是不是成本？如果是，它是一种怎样的成本？如若不是，企业又该怎样处理？我们知道，目前固定资产折旧是摊入成本的。不妨设想一下，假如不将折旧摊入成本，企业是不是可以大大降低内部成本？

问题在于，固定资产折旧是否计入成本，关键要看折旧究竟是不是成本？我的看法，若从机会成本看，固定资产投资是成本；而折旧却不是成本。理由是，因为企业在决定是否购置固定资产之初有选择，有选择当然是成本。可折旧不同，固定资产一旦购置，企业便不再有选择，没有选择，折旧也就不是成本。

经济学另有一个成本概念，即"沉没成本"。"沉没成本"是指已经发生而无法回收的投资。比如你上大学四年，共花去学费10万元，即便你最后没有拿到毕业证，学校也不会把学费退给你。这10万元是你的"沉没成本"。斯蒂格利茨也举过类似的例子：你花7美元买了电影票，事先并不知道这场电影是否好看，结果看到一半发现影片很糟，此时你要不要离开？斯蒂格利茨说应该离开。因为那7美元已经沉没，不离开你会赔上更多时间。

固定资产折旧也是如此。对企业来说，固定资产投资木已成舟，若企业不破产拍卖则无法变现，即便变现也无法足额收回。这样看，固定资产折旧是典型的"沉没成本"。既然"沉没成本"不是成本，折旧就不必摊进成本，如此一来，企业内部就有了降成本的空间。可也许有人会问：折旧不进成本，固定资产如何更新？成本降低后企业要多缴所得税怎么办？

固定资产更新其实不成问题。折旧不进成本，企业利润会增加，企业可直接用利润进行固定资产更新；而让企业多缴所得税倒是个难题。要解决此难题，需要下调所得税税率。中央已明确表示将加大减税力度，只要将中央的要求真正落实好，这个难题也就迎刃而解了。

政府补短板重点是弥补市场失灵

推进供给侧结构性改革，不仅要"去库存"，同时也要"补短板"。目前国内经济"短板"何在？对此，学界见仁见智，至今尚无一致的看法，甚至对同一产业，往往会有两种相反的判断。人们有不同的判断并不奇怪，长短本来就是相对的。若无长线产业，也就不会有短线产业。

问题是在长线与短线并存的情况下，产业结构应该怎样平衡？ 20 世纪 80 年代初，学界曾发生过一场争论。争论的焦点是，经济平衡应按长线平衡还是按短线平衡？有学者根据美国学者彼得提出的"木桶原理",主张按短线平衡。而也有学者不赞成,认为既然木桶的盛水量由短板决定,那么就应该补短板,按长线平衡。

事实上,以上两种主张都是错的。所谓长线产业,表明该产业供给已经过剩,此时若不去产能而按长线平衡,结果必然会雪上加霜;相反,若按短线平衡,那么就得去产能。但若此时不补短板,仅是去产能又难免矫枉过正,造成资源浪费。而且短线产业一旦发展起来,今天的长线产业很可能会成为日后的短板。

再往深处想,不论"按长线平衡"还是"按短线平衡",潜台词都是资源配置由政府主导。可是政府并无先知先觉,不可能准确预知市场未来的变化,由政府主导怎可能达到结构平衡呢?当然不是说不能由政府补短板,而是政府与市场应有分工。我的观点是:在一般竞争性领域,补短板要让市场主导;在市场失灵领域则由政府主导。

若将竞争性领域的短板交给市场补,那么哪些短板需要政府补呢?经济学研究表明,市场在以下三个领域通常会失灵:一是公共品或公共服务领域;二是经济存在外部性的领域;三是收入分配领域。以上三个领域若存在短板,政府就应承担起补短板的职责。

具体讲,在公共品或公共服务领域,政府首先要加大对基础理论研究的投入。每一次新技术革命的到来,皆以基础理论研究的重大突破为支撑，而基础理论研究成果属公共品，相对于技术研发，目前是我们的短板所在。另外，基础设施、义务教育、公共医疗服务等准公共品，有些市场不供给，有些市场供给不足，这些短板也需要政府投入。

在经济外部性领域，当前最突出的短板是生态环境。造成环境污染的原因，是企业排污却不承担损害环境的社会成本。要保护环境，就得将社会成本内化为企业成本，可是市场却对此无能为力。英国经济学家庇古曾建议由政府向排污企业课税，而科斯建议通过排放权的交易解决。有学者说科斯方案不需要政府，这看法不对。政府若不出面界定排放权，科斯方案何以落地？

另外市场还有一种失灵，即收入差距扩大。市场通行的分配规则，是"按生产要素分配"。马克思分析过，按要素分配会导致两极分化。改革开放之初，邓小平同志曾多次提出要让一部分人先富起来，先富带动后富，最终实现共同富裕。现在看，"按要素分配"确实能让一部分人先富起来，但收入差距也随之扩大了。目前，中央把脱贫攻坚摆在更加突出位置，大力实施精准扶贫、精准脱贫，其实就是在补短板。

论制度创新与科技创新

习近平总书记强调：科技创新与制度创新两个轮子要一起转。他在谈到科技创新与改革的关系时还指出："如果把科技创新比作我国发展的新引擎，那么改革就是点燃这个新引擎必不可少的点火系。"贯彻落实习近平总书记关于科技创新与制度创新的重要讲话精神，当前应在体制层面着力推进三方面创新。

创新投资体制：集中财力支持核心技术创新

创新融资机制：分散风险鼓励大众创新

创新分配机制：共享收益推动产学研深度融合

论制度创新与科技创新

习近平总书记强调：科技创新与体制机制创新两个轮子要共同一起转动，才有利推动经济发展方式根本转变。他在谈到科技创新与改革的关系时还指出："如果把科技创新比作我国发展的新引擎，那么改革就是点燃这个新引擎必不可少的点火系。"贯彻落实习近平总书记关于科技创新与制度创新的重要讲话精神，当前应在体制层面着力推进三方面创新。

创新投资体制：集中财力支持核心技术创新

创新是引领发展的第一动力，国家当然应该支持创新，但国家支持创新并不等于所有创新项目都要由国家投资。事实上，我国现行科技投资体制存在的突出问题，是投资过于分散：无须由政府投资的项目投了不少；而应该由政府投资的项目却又投入不足。正是基于此，所以有必要对科技投资体制进行改革和创新。

科技投资体制怎么改？或者说国家投资创新的重点领域何在？总的原则，国家应重点投资核心技术创新。对什么是核心技术，习近平总书记曾作过明确界定：一是基础技术、通用技术；二是非对称技术、"杀手锏"技术；三是前沿技术、颠覆性技术。政府为何要投资核心技术？习近平总书记分析说："在这些领域，我们同国外处在同一条起跑线上，如果能够超前部署、集中攻关，很有可能实现从跟跑并跑到并跑领跑的转变。"

国家重点支持核心技术创新，从经济学角度讲，是因为核心技术属于公共品或具有公共品特性。首先，基础技术创新须以基础理论研究作支撑，而基础理论研究不同于应用型技术研发。应用型技术成果是商品，可以有偿转让；而基础理论研究成果却难以通过市场取得回报。比如达尔文的进化论，举世公认进化论是人类的伟大发现之一，可有谁会花钱买"进化理论"呢？

再看"杀手锏"技术。顾名思义，"杀手锏"技术是事关国家安全的国防军工技术。国家安全是重要的公共品（服务），故经济学家一致认为政府的首要职能就是维护国家安全。从这个角度看，投资"杀手锏"技术创新，原来就是政府责无旁贷的事；更何况投资"杀手锏"技术并不以盈利为目标，技术成果也不能买卖，要是政府不投资，单靠市场筹资绝不可能搞出

"杀手锏"技术。

再看颠覆性技术。颠覆性技术是指对传统产业具有颠覆性影响的技术。在某种程度上，此类技术其实也带有公共品特性。比如数码技术出现后颠覆了胶卷相机巨擘柯达，数码技术就属于颠覆性技术。颠覆性技术具有前沿性、超前性，创新成功不仅能带动国内产业转型升级，而且能提升国家核心竞争力。可是颠覆性技术投资大、风险也大，所以也需要国家予以投资支持。

这里要特别指出的是，政府重点投资以上三类技术创新，并不表示政府对其他创新就可置身事外。我们知道，政府财政是公共财政。对技术创新来说，公共财政的政策含义有两层：一是非公共品（服务）类的科技创新政府不必投资，此类创新应面向市场融资；二是政府应在科技融资平台、中试车间、技术专利权保护等方面提供公共服务，要为企业营造良好的创新环境。

创新融资机制：分散风险鼓励大众创新

核心技术创新由政府投资，风险自然是由政府承担，可非核心技术创新的风险由谁承担呢？倘若全让创新企业承担，那样势必会抑制企业创新的动力。这个问题怎么解决？在我看来，美国著名经济学家奈特1920年出版的《风险、不确定性与利润》一书，对我们研究此问题应该有启发，下面让我扼要介绍奈特的主要观点。

奈特认为，但凡风险皆源于不确定性，而不确定性可分两类：一类是可以量度的不确定性；一类是不可量度的不确定性。前者是指风险发生的概率可根据经验数据估算，如汽车交通事故的概率是万分之三，飞机失事的概率是三百万分之一。奈特说，可以量度的不确定性是风险，只有不可量度的不确定性才是真正的"不确定性"。

关于风险损失的处理，奈特提出了两种方法：一是对可以量度的风险用"合并"（购买商业保险）方法处理；二是对不可量度的风险用"分散"方法处理。所谓分散处理，就是通过某种制度安排让更多的人一起分担风险。对为何要分散承担风险，奈特作过形象的解释，他说：与其让一个人损失10000元，不如让100个人每人损失100元。奈特提出的分散处理方法，显然适用于创新风险的应对。

这里有个问题想问读者：今天全球保险业已十分发达，生老病死、天灾人祸都有保险公司提供保险，可为何没有保险机构为"创新"保险？我的回答是，保险公司肯提供某类保险，一定是该险种的出险概率可以量度；反过来说，保险公司不为"创新"保险，是因为创新失败的概率难以量度，或者即便能够量度，创新者也未必接受。

举个例子说吧。假若根据历史数据计算出某地区创新出险的概率为90%，于是保险公司按90%概率收取保费。你认为投资者会买保险吗？我认为不会。道理很简单：创新是"不确定性"事件，而投资者对创新成功的预期通常要高于失败的预期（且预期失败的概率不会超过50%），否则就不会投资。倘如此，投资者怎会花高保费买保险呢？可是从保险公司角度看，若按50%概率收取保费，出险率一旦超过50%，则必将破产无疑。

据此分析，由于创新具有不确定性，创新失败的损失不能通过"合并"处理。既然不能合并处理就只能分散处理。问题是怎样分散处理呢？经济学的建议，是建立"有限责任公司制度"。是的，有了有限责任公司制度，让投资者只承担有限责任，这本身就是一种风险分担机制。巴特勒说，有限责任公司制度是近代最伟大的发明。事实确实如此。自工业革命以来全球共有160多项重大创新，其中80%都是由有限责任公司完成的。

然而往深处想，公司制度对创新固然重要，但要分散创新风险仅有公司制度却不够，同时还得有创新融资平台。在这方面，美国"纳斯达克"科创板是成功范例，美国科技领先全球，"纳斯达克"的新科技板块功不可没。可喜的是，我国已经在上海证券交易所设立了科创板，并于2019年7月22日举行了首批企业上市仪式。万事开头难，下一步应在试点基础上尽快推开，让科创板为支持创新发挥更大作用。

创新分配机制：共享收益推动产学研深度融合

国家支持创新，目的是驱动经济发展；而要用创新驱动发展，必须将科技成果转化为生产力。习近平总书记曾强调，推动产学研深度融合，实现科技同产业无缝对接。习近平总书记的讲话无疑具有极强的针对性。据公开数据显示，我国近年来每年受理的专利申请达 90 多万件，获得专利授权 16 万多件，可目前专利成果转化率却平均不足 20%；产业化率更低，不到 5%。

我国科技人员为何不重视成果转化？就此问题我曾赴南方几个省市作过调研，据科技人员反映，主要有三方面原因。

一是科技成果评价厚此薄彼。以资金来源分，科技课题有政府纵向与企业横向两类。据湖南、云南等地科技部门负责人反映，目前科研院所评职称往往重"纵向"轻"横向"。在长沙座谈时就有科技人员说，他所在单位评职称，没有国家课题近于免谈。

二是财政大包大揽。改革开放以来，国家财政对科技投入增长了近百倍，特别是近七年来，财政投入平均增长 20% 以上。这些资金大多以课题形式投给了科研院所。国家既发工资又拨科研经费，科技人员高枕无忧，自然也就不太关心科技成果能否转化。

三是公共服务平台短缺。目前科技成果难转化的另一原因，是"中试车间"等公共平台短缺。一项新技术成果从实验室到规模化生产通常需要中试，有数据显示，新技术成果通过中试后，产业化成功率可达80%；而未经中试成功率仅30%。困难在于，建中试车间一次性投入大，使用率低，科研院所与企业谁也不愿投资建中试车间。

以上因素确实会影响科技成果转化，但我认为并不是关键原因。若说成果评价重"纵向"轻"横向"导致了产学研脱节，请问那些有高级职称的科技人员为何也不重视成果转化？如果说财政包揽导致产学研脱节，欧美国家政府也投资科技研发，可人家的成果转化率为何能达到70%—80%；至于中试车间，表面看是没人出钱，而背后真正原因是科技人员缺乏成果转化的动力。

进一步分析，科技人员缺乏成果转化的动力，是分配机制不合理，确切地说是科技人员未能分享成果转化的收益。以美国为例，1980年以前，美国联邦财政资助研发的技术专利权归政府所有，专利转让收益也归政府，当时美国的专利成果转化率仅为5%。1980年，美国国会通过了《拜杜法案》，将专利权下放给了研发机构，结果转化率一路飙升，今天已达到80%以上。

中国的情况与此类似。2007年以前，中央财政资助研发的技术专利权也归国家所有，2007年颁布《中华人民共和国科技进步法》后，国家将专利权下放给了科研院所。照理，我们的专利成果转化率应该提升，可现实却让人大跌眼镜。何以如此？原来国内的科研院所与美国不同，美国的研发机构是私人企业；而我们的研发机构是国家事业单位，专利权下放不过是"大锅饭"变成了"小锅饭"。

现在看来，推动科技成果转化有两个选择：一是转换科研院所"事业单位"的身份，让其成为真正的企业；二是让科技主创人员参与分享专利成果转让收益。前者要改体制，后者相对容易些。中央早已提出："实行以增加知识价值为导向的分配政策，提高科研人员成果转化收益分享比例。"2015年国家颁布的《中华人民共和国促进科技成果转化法》对此也有相关规定，现在的关键是要抓落实。

三点重要结论

总结以上分析，有三点重要结论。

第一，创新是引领发展的第一动力，国家当然要支持创新。然而国家公共财政的性质决定了国家投资创新的重点是核心技术领域。核心技术不仅具有公共品特性，而且事关国家安全和国家的核心竞争力，投资核心技术创新是政府的职责所在。基于此，政府对投资创新要有进有退、有所为有所不为，应集中财力支持核心技术攻关。

第二，政府对非核心技术创新可以不投资，但也不能置身事外。非核心技术创新同样有风险，创新失败的损失不能全由企业独立承担；同时企业作为纳税人，也有权要求政府提供必要的公共服务。具体说，政府不仅要搭建融资平台（科创板）为企业分散风险，而且要在中试车间建设、技术专利保护等方面更好地发挥作用。

第三，实施创新驱动战略，关键在产学研深度融合，实现科技与产业无缝对接，为此政府必须创新分配机制。有两个要点：一是将政府投资形成的技术成果的专利权明确界定给科研院所；二是允许科技主创人员参与分享技术成果转让的收益。只有这样双管齐下，才能激发科研机构与科技人员面向市场进行创新的动力。

用市场机制推进生态文明建设

习近平总书记指出："生态文明建设事关中华民族永续发展和'两个一百年'奋斗目标的实现，保护生态环境就是保护生产力，改善生态环境就是发展生产力。"对如何保护和改善生态环境，目前人们的主导观点是政府调控和政府投资。本文将从人类文明转型规律的角度，重点分析怎样用市场机制推动生态文明建设。

稀缺性要素演变：人类文明转型的一般规律

社会成本内化：控制污染的两种方案

社会收益内化："绿水青山"的盈利模式

用市场机制推进生态文明建设

习近平总书记指出："生态文明建设事关中华民族永续发展和'两个一百年'奋斗目标的实现，保护生态环境就是保护生产力，改善生态环境就是发展生产力。"对如何保护和改善生态环境，目前人们的主导观点是政府调控和政府投资。本文将从人类文明转型规律的角度，重点分析怎样用市场机制推动生态文明建设。

稀缺性要素演变：人类文明转型的一般规律

迄今为止，人类文明已历经农耕文明与工业文明两个阶段，目前正向生态文明转型。也有学者说在农耕文明之前还有一个"原始文明阶段"，不过此点有争议，且与本文关系不大，这里先存而不论。我们要讨论的是，人类文明为什么会转型？

或者说推动农耕文明转向工业文明、工业文明转向生态文明的原因到底是什么？

对以上问题，西方学者在分析社会转型时有一个研究视角可供借鉴。基本观点是，一个社会哪个阶级拥有最稀缺资源，这个阶级就会成为社会的主导阶级，社会性质也由此决定。奴隶社会生产力极其低下，最稀缺的要素是劳动力，拥有奴隶的奴隶主阶级就成了奴隶社会的主导阶级；后来随着人口增长，劳动力不再稀缺而土地变得稀缺，地主阶级便成为封建社会的主导阶级；再后来发现了新大陆，土地不再稀缺而资本变得稀缺，于是资本家阶级又成了资本主义社会的主导阶级。

用"要素稀缺性"解释社会转型只是一个视角，事实上，从生产力与生产关系相适应的角度解释社会转型会更科学。不过即便如此，我认为用"要素稀缺性"解释文明转型倒是可取。如封建社会产生农耕文明，就是因为粮食供给短缺。当年马尔萨斯主张控制人口，理由是粮食增长比人口增长慢。由于粮食供给短缺，封建社会的文化风俗以及各类祭祀活动皆与粮食生产相关，这样就产生了农耕文明。

现在回头看，马尔萨斯只说对了一半。封建社会前期乃至中期，人口确实比粮食增长快；但到了封建社会后期由于工具改进与耕作技术进步，温饱基本解决，人们需求层次提升，使得"奢侈品"更稀缺，这样便催生了工业文明。如穿的方面有了缝纫机、尼龙、涤纶；吃的方面有了甜菜糖、罐头、汽水、巧克力；住的方面有了电梯、钢筋混凝土建筑和摩天大楼；行的方面有了汽车、火车、轮船、飞机；等等。

工业社会的到来，一方面极大地丰富了物质供应，但同时也损害了生态环境。相对物质供应来说，好的环境反而变得稀缺了。今天人们更需要洁净的空气、健康的食品与优美的环境，于是工业文明又开始向生态文明转型。事实的确如此。40年前，人们还把"烟囱林立"作为文明的标志，甚至首都钢铁公司当年也建在了北京。然而今非昔比，国内媒体时有报道，有地方招商由于项目污染而遭到居民抵制，说明生态环境已成为稀缺品。

是的，随着我国工业化进入到中后期，损害环境的代价已越来越高。不是说企业的污染程度比过去更严重，而是从机会成本角度看，由于人们需求发生了变化：过去盼温饱，现在盼环保；过去求生存，现在求生态，环境已变得日益昂贵。正是基于此，所以中央强调要大力推进生态文明建设，实行最严格的生态环境保护制度，并将把生态文明建设纳入"五位一体"总体布局。

社会成本内化：控制污染的两种方案

前面分析过了工业文明向生态文明转型的原因，跟下来要研究的是，应该怎样推动工业文明转型？为此必须先弄清楚两个问题：一是企业为何会损害生态环境？二是用什么办法控制企业损害生态环境？为便于分析，下面让我用企业碳排放为例来讨论。

众所周知，碳排放是造成目前环境污染的重要原因。环境事关公共利益，企业为何不主动限排呢？对此经济学的解释，是企业私人成本与社会成本分离导致的结果。换言之，企业只支付原材料、工资、管理费等内部生产成本，而将碳排放损害环境所发生的成本（治理环境的费用与居民受到的损害）转嫁给了社会（政府或居民）承担。正因如此，所以企业对碳排放漠不关心，甚至肆无忌惮。

据此分析，减少碳排放的关键，是要将社会成本内化为企业成本。问题是怎样将社会成本予以内化呢？经济学家曾提出过两种方案：20世纪初，英国经济学家庇古提出了征税补偿的办法，即由政府先向碳排放企业征税，然后再补偿给受损居民。可是经济学家科斯1960年发表《社会成本问题》一文，明确表示不同意庇古方案，认为政府征税虽能将社会成本内化，但并非唯一方案，更不是最优方案。

科斯提出的方案是，按照交易成本高低来分摊社会成本。在科斯看来，碳排放权的分配其实就是社会成本的分摊，或者说是界定产权。若将碳排放权（产权）界定给企业，则企业无须承担社会成本；若将碳排放权界定给居民，企业就得承担全部社会成本。至于碳排放权在企业与居民间如何分配，政府只须看界定给谁的交易成本更低。

所谓交易成本，是指信息搜集、谈判沟通、组织协调等制度成本。在工业化初期，环境污染并不严重，公众环保意识也不强，将碳排放权界定给企业一般不会有人反对，交易成本会相对低；但进入工业化中后期，生态环境逐步恶化，公众环保意识不断增强，若仍将碳排放权界定给企业则反对者增多，交易成本会升高。由此看，为了降低交易成本，碳排权分配给企业的比例应逐步降低，分配给居民的比例应逐步提高。

要特别指出的是，根据科斯方案，分配碳排放权只是内化社会成本的第一步，同时还得开放碳排放权市场，让碳排放权可以进行交易。可是现在有不少人担心，开放碳排放权交易后有的企业买不起排放指标怎么办？我的答案很简单，买不起排放指标的企业当然只能限排，因为开展碳排放权交易的目的，本来就是为了淘汰落后产能。

是的，保护环境必须限制碳排放。由于以前未开放碳排放权市场，企业限排只能靠行政命令，由政府下令直接限制某些高污染企业排放；而现在开放了碳排放权市场，便可通过市场机制限排。实践证明，用市场机制限排要比政府限排更有效。今天经济学家大多赞成科斯方案而不支持庇古方案，归根到底，因为庇古方案是一种政府限排方案。

社会收益内化："绿水青山"的盈利模式

如果说将社会成本内化，目的是为了控制企业碳排放，减少负外部性。那么与碳排放不同，企业投资改善环境则具有正外部性，其社会收益往往要大于私人收益。这是说，要鼓励投资者改善环境，就得将社会收益内化，建立社会收益与私人收益的平衡机制。否则投资者缺乏利益驱动，就很难有保护和改善环境的动力。

习近平总书记强调："绿水青山就是金山银山。"现在很多人对这一论述有误解，以为一个地区生态环境好了经济也就自然发达了，这样理解显然是不对的。习近平总书记还强调："我们既要绿水青山，也要金山银山。宁要绿水青山，不要金山银山"。这句话的意思很清楚，绿水青山与金山银山有时也会存在冲突，而当两者发生冲突时，就不能为了经济利益而牺牲生态环境。

显然，习近平总书记讲"绿水青山就是金山银山"，是在强调生态环境的重要性，而不是指"绿水青山"天然就是"金山银山"。一个基本事实是，农耕时代生态环境肯定比今天好，可那时候经济却远不如今天发达。近些年我作乡村调研，看到有些地方"绿水青山"确实已变成"金山银山"，但有的地方虽然也山青水绿，却至今尚未脱贫。由此看来，要把"绿水青山"变成收入，还得为"绿水青山"设计出盈利模式。

将"绿水青山"变成收入，关键是要将生态环境的社会收益内化。以美丽乡村建设为例，习近平总书记提出要"望得见山、看得见水、记得住乡愁"。问题是将美丽山水和乡愁变成农民收入却面临着两方面的困难：一是生态环境属公共品，由于生态环境消费不排他，无法向游客收费；二是生态环境消费即便能够收费，也往往难以计价。比如乡愁是游客的一种主观感受，游客享受了多少乡愁说不清，乡愁值多少钱也说不清。

为"绿水青山"设计盈利模式，经济学提出的办法是寻找委托品，将那些不能计量或计价的商品（服务）借助某种委托品进行交易。我想问读者：商家卖矿泉水是卖什么？若你认为只是卖水就错了。事实上，商家卖矿泉水不单是卖水，同时也是卖"方便"。由于"方便"不好计量，于是商家将"方便"委托到了矿泉水上。一瓶矿泉水 300 毫升卖 2 元，600 毫升卖 3 元，水多一倍而价格未高一倍，是因为水增加了而"方便"没增加。

现实中类似的例子很多。我所知道的：湖南永州新塘村土壤环境好，当地农民就把无污染的土壤环境委托到蔬菜上，将蔬菜和"环境"一起卖到了粤港澳；吉首隘口村将当地特殊的气候、土质委托到茶叶上，将茶叶和"气候"销到了全国；湘西马王溪村发展观光农业，将田园风光委托到了生态产业上，也赚得钵满盆满，当地黄桃 4 元一斤，若观光客自己采摘，8 元一斤不会打折。

往深处想，生态环境的不同要素其实都可以找到相应委托品。上面的例子中，农民将特色山水委托到了特色农产品上；同理，乡愁虽不好计量或计价，但也可委托到古村、古树、古井、古建筑的门票上。可以推断，只有找到了委托品，社会收益便可内化，"绿水青山"就有了盈利模式。而生态环境一旦能带来收入，人们就会有保护和改善生态环境的积极性。

要特别指出的是，变"绿水青山"为"金山银山"，寻找委托品是一方面；另一方面，政府也要积极作为。首先，政府应加大对乡村基础设施的投资，要是路桥不通，即便山再青、水再绿，游客进不去也不可能变成"金山银山"；再有，政府应为生态环境资源确权，推动生态环境资源变资产，让改善生态环境的投资者可以取得收入。

三点重要结论

分析至此，我们可得出三点重要结论。

第一，不同社会文明形态的形成，是由不同时期稀缺性要素所决定的。随着我国工业化进入到中后期，人们的需求发生了显著变化：过去盼温饱，现在盼环保；过去求生存，现在求生态。由于生态环境已变得越来越稀缺，物以稀为贵，于是使损害生态环境的代价越来越高，这样就决定了工业文明必须向生态文明转型。

第二，保护生态环境，关键在内化社会成本，使企业私人成本与社会成本大体保持一致。对此经济学家庇古提出的方案是对碳排放企业征税；而科斯提出的方案是界定排放权，并通过市场进行排放权交易。很明显，庇古方案强调的是由政府限排，科斯方案强调的是用市场机制限排。大量的理论研究成果和实践经验表明，用市场机制限排要比政府限排更有效。

第三，改善生态环境，重点在内化社会收益，建立起社会收益与私人收益的平衡机制。而将社会收益内化，办法是为不同的生态环境要素找到委托品，并设计出相应的盈利模式。同时，政府应加大对乡村基础设施投资，为生态环境资源确权，推动生态环境资源变资产。

国际收支平衡的三大误区

维持国际收支平衡是一个国家实施宏观调控的目标之一，然而对怎样维持国际收支平衡，人们通常存在三大认识误区：一是维持国际收支平衡须保持国际贸易平衡；二是维持国际贸易平衡要求保持双边贸易平衡；三是征收高关税可以实现双边贸易平衡。以上看法不仅在理论上站不住，在实践中也十分有害，亟待澄清。

误区一：国际收支平衡要求国际贸易平衡
误区二：国际贸易平衡要求双边贸易平衡
误区三：征收高关税可实现双边贸易平衡

国际收支平衡的三大误区

维持国际收支平衡是一个国家实施宏观调控的目标之一，然而对怎样维持国际收支平衡，人们通常存在三大认识误区：一是维持国际收支平衡须保持国际贸易平衡；二是维持国际贸易平衡要求保持双边贸易平衡；三是征收高关税可以实现双边贸易平衡。以上看法不仅在理论上站不住，在实践中也十分有害，亟待澄清。

误区一：国际收支平衡要求国际贸易平衡

可以肯定，将国际收支平衡等同于国际贸易平衡是一种误解。为何说是误解？只要我们看看国际收支平衡表就清楚了。众所周知，国际收支包括经常项目、资本项目、外汇储备等三个项目，而经常项目（国际贸易）只是其中一项。从逻辑上讲，一国对外贸易不平衡对国际收支会有影响，但不能因此就推定该国国际收支不平衡。

要理解这个问题，须先弄清经常项目、资本项目、外汇储备间的关系。经常项目下的进口，是指将外国商品买入国内；出口则是指将本国商品卖出国境外。资本项目虽不同于贸易项目，但无实质区别。事实上，对外投资也是购买国外商品，只是未将外国商品买入国境内；引进外资也是出口商品，不过未将本国商品卖到国境外。

若这样理解，贸易项目与资本项目的关系便一目了然。简单说，在国际收支表中，贸易项目与资本项目是互为消长的。比如中国将 100 亿元商品出口到国外，商品离开了国境，在贸易项目的贷方记"100 亿元"；同时出口换取外汇 100 亿元，于是在资本项目的借方也记"100 亿元"。反过来，中国将 50 亿元外国商品进口到国内，在贸易项目的借方记"50 亿元"，同时由于资本流出 50 亿元，于是在资本项目的贷方也记"50 亿元"。

上面例子中，中国出口商品 100 亿元、进口商品 50 亿元，贸易项目有 50 亿元顺差；再从资本项目看，资本流出 100 亿元、流进 50 亿元，于是资本项目便有 50 亿元逆差。由此可见，一个国家贸易项目有顺差，资本项目就会有逆差；反之，一个国家贸易项目有逆差，则资本项目就会有顺差。将两个项目综合起来，该国的国际收支却是平衡的。

问题在于，当一个国家贸易项目与资本项目同时出现顺差或者逆差怎么办？这种情况虽不多见，但确实存在。如我国的经常项目与资本项目就曾出现过双顺差。在此情况下国际收支能否平衡呢？回答这个问题，让我们再分析国际收支表。

前面说过，国际收支包括经常项目、资本项目、外汇储备三个项目，一个国家经常项目与资本项目同时出现顺差，外汇储备必然增加。要知道，外汇储备通常用于国外存款，购买外国国债或者公司股票，而购买境外银行存单、国债、股票皆可取得收益，这样看，外汇储备就相当于对外投资。将三个项目结合起来，国际收支也是平衡的。

"双逆差"的情形正相反。一个国家经常项目逆差，表明该国进口大于出口，购买了较多的外国商品；资本项目逆差，表明该国资本流出大于资本流入，购买了较多的外国资产。而经常项目与资本项目同时出现逆差，则表明外汇储备减少。这样将三个项目综合起来看，该国国际收支也是平衡的。可见，无论一个国家出现双顺差还是双逆差，皆不会影响该国的国际收支平衡。

误区二：国际贸易平衡要求双边贸易平衡

将国际贸易平衡等同于双边贸易平衡，是人们的另一认识误区。长期以来有一种流行观点，认为一个国家对另一国家有贸易逆差，逆差国就吃了亏，顺差国占了便宜。实则不然，经济学证明：国家间开展自由贸易是双赢，而且国际贸易平衡并不要求两国之间的双边贸易平衡。

关于国家间自由贸易可以双赢，亚当·斯密曾作过严密的论证。他在《国富论》中以制针为例，提出分工可提高效率；并指出分工要由绝对成本决定。斯密的观点无疑是对的。比如甲、乙两个国家，甲种粮食的成本比乙低，织布的成本却比乙高；而乙种粮食的成本比甲高，织布的成本却比甲低。相比而言，甲的绝对优势是种粮食，乙的绝对优势是织布。斯密说，只要按各自绝对优势分工，甲种粮食乙织布，然后彼此交换，双方皆可节省成本，增加产出。

后来李嘉图对斯密的分析作了拓展，指出决定分工的不只是绝对成本，还有比较成本。要提点的是，无论斯密还是李嘉图，他们讲分工皆有一个共同前提，那就是自由交换。若不能自由交换，即便存在绝对优势或比较优势，也不可能有分工。还是举前面的例子，甲专种粮食而乙专织布，但若甲不能用粮食交换乙的布，而甲需要穿衣服，乙需要吃粮食，甲与乙不能互通有无，当然不可能形成分工。

可为何说国际贸易并不要求双边贸易平衡呢？经济学解释是，随着经济发展和分工的深化，国际贸易不单是双边贸易，而是多个国家一起进行的多边贸易。特别是人类进入 21 世纪后，产业分工已经全球化，如果两个国家分别处于产业分工的上下游，两国间的双边贸易就不可能平衡，而且也无须平衡。

何以如此？让我们看下面的例子。

假定有甲、乙、丙三个国家，它们分别生产棉花、纱锭、布匹。甲将棉花卖给乙，而甲却不购买乙的纱锭，那么甲是贸易顺差，乙是贸易逆差；乙将纱锭卖给丙，而乙却不购买丙的布匹，则乙是贸易顺差，丙是贸易逆差；丙将布匹卖给甲，而丙却不购买甲的棉花，于是丙是贸易顺差，甲是贸易逆差。若仅从两个国家看，双边贸易皆不平衡，可从多边贸易看，整体却又是平衡的。

懂得了上面的道理，就不难明白美国为何对全球 100 多个国家会有贸易逆差。其中一个主要原因，是美国处于国际分工的最高端，而广大发展中国家处于相对底端；同时，也与美元作为国际中心货币有关。读者想想，在当今国际货币体系下，美国只要印出美元就可在全球采购商品；而其他国家要进口美国商品，首先得出口商品换回美元，这样美国当然容易出现贸易逆差了。

再往深处想，双边贸易是否平衡其实并不重要，重要的是贸易是否自由。只要贸易自由，全球贸易最终一定会自动平衡。对任何一个国家来说，出口的目的都是为了换取外汇用于进口，并通过进口分享国际分工的收益。如果一个国家只出口而不从国外进口等额的商品，就等于自己主动放弃了分享国际分工收益的机会，请问世上有哪个国家愿意赔本赚吆喝呢？

误区三：征收高关税可实现双边贸易平衡

关于国际收支平衡的第三个误区，是高关税能实现双边贸易平衡，从而维持国际收支平衡。我们已经分析过，国际收支平衡并不完全取决于贸易平衡，国际贸易平衡也无须双边平衡。退一步讲，一个国家即便希望保持双边贸易平衡，也不可能通过征收高关税达到目的。

从源头追溯，主张高关税的始作俑者是 15—18 世纪初的重商主义。重商主义者认为，只有金银才是财富，所以一国进出口必须保持顺差。重商主义分两个阶段：早期重商主义主张少进口，以保持和增加国内金银货币；晚期的重商主义则主张奖出限入，多出口、少进口。怎样才能少进口呢？重商主义者提出的办法，是对进口商品征收高关税。

令人不解的是，在重商主义时代，流通的货币是金银，而金银本身是商品，那时将金银作为财富尚可理解。可是今天纸币已经普遍替代金银货币流通，到 20 世纪 70 年代，随着布雷顿森林货币体系解体，各国货币已不与黄金挂钩，可为何像美国这样的发达国家还要用高关税限制进口呢？美国公开的理由，是高关税可限制进口，保护本国产业和就业。

骤然听此说法似乎在理，然而深入想却似是而非。从经济学角度看：限制进口无疑是限制国际分工。其推论很简单：一个国家的进口，便是他国的出口，你用高关税限制进口，无疑是限制别人出口。别人出口不自由，当然也会用高关税限制你的出口自由。如此一来，国家间当然不可能存在分工。当年亚当·斯密强调"交换是分工的前提"，说的就是这道理。

要进一步讨论的是，用高关税限制进口是否真能保护本国产业和就业。我的观点，短期可以，但长期不能，因为高关税是一把双刃剑，而且代价非常高。比如中国企业生产的服装出口到美国，每件价格 100 美元；而美国企业生产的服装每件 150 美元。此时如果美国政府对中国的服装每件征收 50 美元关税，美国的服装企业确实可以高枕无忧，服装工人也不会失业，但同时美国也会因此付出代价。

提高关税后的代价是什么呢？容易想到的，首先是美国消费者的生活成本会提高。是的，政府若不多征 50 美元关税，消费者花 100 美元可买一件服装；而加征关税后却需 150 美元才能买到，这样会使美国消费者的购买力下降，生活水平降低。可见，提高关税会损害国内消费者利益。说白了，是让消费者出钱维持服装企业生存。

若从机会成本角度看，消费者出钱维持服装企业工人就业，其机会成本是放弃购买其他企业商品可能创造的就业。设想一下，假如消费者不多花 50 美元买服装，而用这 50 美元去买电脑软件，软件的销售量会扩大，于是软件产业的就业会增加。就扩大就业而言，两者并无分别。由此分析，那种高关税可保护就业的观点，不过是人们重视看得见的就业而忽视看不见的就业而已。

再从国家层面看，增加服装企业就业与增加软件企业就业是一回事。区别在于，提高进口服装的关税，在保护国内服装企业的同时，其他企业发展会受到限制。问题在于，一定时期的资源是有限的，而那些需要关税保护的企业，恰恰是生产率较低的企业，而低效率企业被保护，资源就会向这类企业流动，这不仅对生产率高的企业不公平，而且还会降低整个社会的资源配置效率。

重要结论

综上分析，本文有三点重要结论。

第一，国际收支是否平衡要将经常项目、资本项目、外汇储备三个项目综合起来看，国际贸易只是国际收支的项目之一，不能将国际贸易平衡等同于国际收支平衡，而维持国际收支平衡也不必要求对外贸易时时平衡。两者统计口径和含义皆不同，不可混为一谈。

第二，国际贸易有双边平衡与多边平衡之分，在当今经济全球化的背景下，国际贸易应立足于多边平衡而非双边平衡。而一个国家要实现多边贸易平衡，一方面要鼓励出口，同时也要鼓励进口，特别是对贸易顺差国来说，应实施积极的进口政策。

第三，国际分工与自由贸易可提升各参与国的生产效率，增进人类整体福利。而用高关税限制进口，实质是对国际分工和自由贸易的反动。所以当前要特别警惕贸易保护主义思潮泛滥，防止贸易摩擦继续升级给全球经济造成灾难性后果。

中国市场经济改革的理论逻辑

　　改革开放 40 年来，我国在公有制为主体的基础上建立了社会主义市场经济体制。这一成功实践是马克思主义政治经济学中国化的重大成果，回答了公有制与市场能否结合以及如何结合等一系列重大问题，对推动经济理论创新作出了开创性贡献，极大地丰富和发展了中国特色社会主义政治经济学。

公有制与市场经济结合，前提是创新公有制实现形式
使市场起决定作用，前提是改革价格形成机制
更好发挥政府作用，前提是政府要立足于弥补市场失灵

中国市场经济改革的理论逻辑

改革开放 40 年来，我国在公有制为主体的基础上建立了社会主义市场经济体制。这一成功实践是马克思主义政治经济学中国化的重大成果，回答了公有制与市场能否结合以及如何结合等一系列重大问题，对推动经济理论创新作出了开创性贡献，极大地丰富和发展了中国特色社会主义政治经济学。

公有制与市场经济结合，前提是创新公有制实现形式

改革开放之初，国内理论界对在公有制基础上能否发展商品经济展开了讨论。当时人们一致的看法是，国有企业与集体所有制企业之间可以产生商品交换，但国有企业之间不可能形成交换关系。1992 年邓小平同志发表南方谈话指出："市场经济不等于资本主义，社会主义也有市场。"可当时有人质疑，

说马克思明确讲"私有权是流通的前提",中国以公有制为主体,何以产生商品交换呢?

追根溯源,公有制不能产生交换的观念是来自古典政治经济学。古典政治经济学认为,商品交换有两大前提:一是社会分工;二是财产私有且受法律保护。没有分工,大家生产相同的产品用不着交换;若财产不是私有或不受法律保护,无偿占有别人产品不受惩罚,也不会产生交换。

将分工作为交换的前提,学界没有人反对;人们的分歧在于,财产私有到底是不是发展市场经济的前提?一些国家至今不承认中国的市场经济地位,其理由是我们坚持以公有制为主体。由此看来,对这个问题很有必要从理论上作进一步的澄清。让我们先看看马克思是怎样论述的,其原意究竟是什么?

不错,马克思在《政治经济学批判(1857—1858年手稿)》中确实讲过,"私有权是流通的前提";在《资本论》第一卷中马克思还说,交换双方"必须彼此承认对方是私有者"。于是有人据此推定,马克思认为交换的前提是私有制。然而认真研读马克思这方面的论述,我们发现以上推定其实是对马克思的误读,并不是马克思的原意。

首先,马克思从未说过交换产生于私有制,相反他认为是产生于公有制。在《政治经济学批判》中他写道:"商品交换过程最初不是在原始公社内部出现的,而是在它的尽头,在它的边界上,在它和其他公社接触的少数地点出现的。"在《资本论》中他也表达过相同的观点。

其次，马克思讲作为流通前提的"私有权"，也不是指生产资料私有权。他在《资本论》第一卷中说："商品不能自己到市场去，不能自己去交换。因此，我们必须找寻它的监护人，商品所有者。"而且还说，商品是物，为了使这些物作为商品发生关系，必须彼此承认对方是私有者。显然，马克思这里讲的"私有"并非生产资料私有而是产品私有。

事实上，生产资料私有与产品私有也的确不是一回事。以英国的土地为例。土地作为重要的生产资料，英国法律规定土地归皇家所有，但土地上的房屋（产品）却可归居民私有。正因如此，所以房屋才可作为商品用于交换。这是说，产品能否交换与生产资料所有制无关，关键在产品是否私有。

既然商品交换的前提是产品私有，那么在公有制基础上产品怎样才能私有呢？要说清这个问题需引入"产权"概念。在现代经济学里，产权不同于所有权。所有权是财产的法定归属权；产权则包含财产的使用权、收益权与转让权。以银行为例，银行的信贷资金来自储户，信贷资金的所有权归储户；而银行通过支付利息从储户那里取得信贷资金的产权后，资金如何使用、收益如何分享以及呆坏账如何处置，银行皆可独自决定。于是所有权与产权出现了分离。

所有权与产权一旦分离，生产资料公有而产品则可以私有，因为产权的最终体现是产品所有权。以农村改革为例，当初将集体土地的产权承包给了农民，于是"交足国家的"，"留够集体的"，"剩下都是自己的"。再比如国企，国企的厂房、设备等生产资料归国家所有，而企业之所以能将产品用于交换，也是因为国家将产权委托给了企业，让企业拥有了产品所有权。

综上分析可见，商品交换的前提不是生产资料私有，而是产品私有；而所有权不同于产权，产品是否私有与生产资料所有权无关。我国的改革实践也已证明，只要改革公有制实现形式，将生产资料所有权与产权分离，并把产权明确界定给企业或农户，在社会主义公有制基础上可以发展市场经济。

使市场起决定作用，前提是改革价格形成机制

关于市场在资源配置中的作用，中央强调："使市场在资源配置中起决定性作用"。当年亚当·斯密有个形象的比喻，说资源配置有两只手：政府有形的手与市场无形的手。而且他认为，资源配置应首先用无形的手，只有那些市场覆盖不到的地方才需政府拾遗补缺，用有形的手去调节。

20 世纪 30 年代国际上发生了一场大论战。当第一个计划经济国家苏联建成后，许多学者为计划经济大唱赞歌，可奥地利经济学家米塞斯 1920 年却发表了《社会主义制度下的经济计算》一文，指出资源的优化配置不可能通过"计划"实现。

米塞斯的观点，得到了哈耶克和罗宾斯等学者的极力推崇。

1937年美国经济学家科斯发表了《企业的性质》。科斯说：资源配置在企业内部是计划，在企业外部是市场。于是科斯问：如果计划一定比市场有效，可为何未见有哪家企业扩大成一个国家？相反，若市场一定比计划有效，那人类社会为何会有企业存在？由此科斯得出结论：计划与市场各有所长，互不替代，两者的分工决定于交易费用。

"交易费用"人们已耳熟能详，无须再解释。科斯的意思是，资源配置用"计划"还是用"市场"，就看何者交易费用低。若计划配置比市场配置交易费用低，就用计划配置；否则就用市场配置。逻辑上，科斯这样讲应该没错；可困难在于，交易费用是事后才知道的结果，事前难以预知计划与市场谁的交易费用低，既然不知，我们又如何在两者间作选择呢？

骤然听似乎是棘手的问题，不过仔细想，我们对交易费用并非全然无知。至少有一点可以肯定，但凡市场失灵的领域，计划配置的交易费用就要比市场配置低。以"公共品"为例，由于公共品消费不排他，供求起不了作用。经验表明，此时公共品若由市场配置，交易费用会远比计划配置高。

让我用灯塔的例子作解释：灯塔属于典型的公共品，灯塔若由市场配置会有两个困难：一是难定价。由于灯塔消费不排他，且不论多少人同时享用也不改变建造灯塔的成本，故市场无法给灯塔服务定价。二是由于灯塔消费不排他。过往船只中谁享用或谁没享用灯塔服务无法辨别，这样给灯塔收费造成了困难，若强行收费必引发冲突。

可见，无论是定价还是收费，由市场配置灯塔皆会产生额外的交易费用，这也是为何古今中外灯塔要由政府提供的原因。中央强调"更好发挥政府作用"，就是指在公共品领域政府应承担起自己的责任。反过来，非公共品即一般竞争性资源的配置，就要交给市场。市场配置虽然也有交易费用，但相对政府配置会低得多。

中央提出"使市场在资源配置中起决定性作用"，有三个重点：一是市场决定价格，即让价格由供求决定。二是用价格调节供求。价格调节供求的过程，就是结构调整的过程。三是开放要素市场。要让价格引导资源配置，须允许生产要素自由流动，若要素市场被固化，不能在行业间流动，价格机制将难以发挥作用。

更好发挥政府作用，前提是政府要立足于弥补市场失灵

强调更好发挥政府作用，一个根本原因是市场会失灵。在亚当·斯密1776年出版《国富论》后的一百多年里，人们对自由市场一直推崇备至。然而20世纪初出现了第一个计划经济体，1929年至1933年西方又发生了经济大萧条，这两件事

不得不让人们对市场进行反思。1936 年凯恩斯《就业利息和货币通论》的出版，更是彻底动摇了人们的"市场信念"，很少再有人相信"市场万能"的神话。

对市场为何会失灵，经济学家有三点解释：一是信息不充分（或不对称）；二是经济活动存在外部性；三是社会需要提供公共品（服务）。在我看来，信息不充分与外部性不是市场失灵的原因，公共品会令市场失灵，但除了公共品，市场失灵还有更深层的原因。

经济学家指出市场可能失灵，是想证明政府不可或缺；或者政府可以弥补市场缺陷。也正因如此，所以我不赞成将信息不充分（或不对称）作为市场失灵的原因。理由简单，因为信息若不充分政府也会失灵。事实上，在信息不充分的情况下，资源由市场配置比由计划配置的代价要小得多。恰恰是由于信息不充分，资源配置才需要通过市场试错。从这个角度看，我们不能把市场失灵归咎于信息不充分。

再看经济外部性。许多经济活动会有外部性，如造纸厂排放废水废气给周边造成污染，是经济的负外部性。问题是，存在负外部性市场就一定失灵吗？ 20 世纪 60 年代之前，经济学家大多是这样看，其中最具代表性的经济学家是庇古，他对解决负外部性提出的方案是，先由政府向排污企业征税，然后补偿给居民。此主张曾一度成为政府解决负外部性的经典方案。科斯不赞成庇古的方案，他在 1960 年发表的《社会成本问题》

中分析说，由于企业私人成本与社会成本分离，企业只承担私人成本而不承担污染所造成的社会成本，所以经济活动才出现负外部性。于是科斯指出：只要交易成本为零，产权界定清晰，市场就能将社会成本内化为企业成本，解决负外部性问题。比如，政府限制企业排放权，赋予居民不受污染的权力，通过"排放权指标"交易一样可减少污染，市场不会失灵。

再看公共品（服务）。公共品有两个特征：一是消费不排他；二是公共品消费增加而成本不增加，因而不存在边际成本。由此看来，公共品确实会导致市场失灵。但除了公共品，还有一个原因即市场分配机制也会导致市场失灵。根据当年马克思对资本积累趋势的分析，资本主义市场分配将导致两极分化：一极是资本家阶级的财富积累；一极是无产阶级的贫困积累。而且马克思说，这种两极分化的结果必发展为两个阶级的冲突，最后剥夺者一定会被剥夺。

有人认为，马克思分析的是资本主义的市场分配，社会主义的市场分配不会两极分化。这种看法并不符合实际。众所周知，市场分配的基本规则是"按要素分配"，只要要素占有或人们的禀赋存在差别，收入分配就一定会出现差距，若差距过大就一定会产生社会矛盾。社会主义与资本主义的区别，并不在于分配会否出现差距，而在于政府能否主动调节并缩小收入差距。

将市场分配形成的过大收入差距看作市场失灵，理论上不应该错。目前中央正在实施精准扶贫方略，强调打赢脱贫攻坚战，这既是决胜全面建成小康社会的重要举措，也是为了弥补市场分配机制缺陷的重要抓手。有一个事实值得我们思考，以往计划经济时期人们的收入差距并不大，可为何搞市场经济后收入差距就逐步拉大了？主要原因是与市场分配机制有关。

弥补市场失灵需要政府发挥作用。一般来讲，市场经济条件下政府职能有四项：保卫国家安全、维护社会公平、提供公共品（服务）以及扶贫助弱。若从弥补市场失灵的角度看，我认为政府职能可归结为两个大的方面：一是维护国家安全与社会公正；二是调节收入分配差距，防止两极分化，最终实现共同富裕。

国企改革攻坚的路径选择

国企改革自 20 世纪 80 年代初启动，先后经历了利改税、承包经营责任制、公司制改造等三个阶段，目前改革已进入攻坚期。如何推动国企改革攻坚？本文拟从财产所有权与产权分离，产权结构安排与企业行为选择的角度，从理论层面对国企改革攻坚的路径作分析。

财产所有权、产权及其产权界定
产权结构安排与企业行为选择
企业行为选择与国企改革路径

国企改革攻坚的路径选择

国企改革自 20 世纪 80 年代初启动，先后经历了利改税、承包经营责任制、公司制改造等三个阶段，目前改革已进入攻坚期。如何推动国企改革攻坚？本文拟从财产所有权与产权分离，产权结构安排与企业行为选择的角度，从理论层面对国企改革攻坚的路径作分析。

财产所有权、产权及其产权界定

在现代经济学里，财产所有权与产权是两个不同的概念，所有权是法权，指的是财产归属；而产权则是指除了归属权之外的其他三项权利：使用权、收益分享权与转让权。今天人们之所以将所有权与产权混为一谈，其实也是事出有因。在人类社会早期，所有权与产权是融为一体的，若某人对某财产拥有所有权，也就同时拥有了产权。

不过这是早期的情形。今非昔比，当借贷资本与现代公司产生后所有权与产权就分离了。典型的例子是银行。银行的信贷资金主要来自储户存款，资金所有权仍然属于储户，既然资金的所有权是储户的，可银行发放贷款为何可不征得储户同意？原因是银行通过支付利息从储户那里购得了资金产权。在这里，所有权与产权已经实行了分离。

是的，产权源自所有权，但也可独立于所有权。从这个角度看，所谓明晰产权并非是改变所有权，而是明确财产的使用、收益、转让权。由此见，明晰产权与所有权是否私有无关。也许有人问，既然不改变所有权何须明晰产权？我的回答，财产无论公有私有，所有权清晰并不等于产权也清晰。此点特别重要，让我举例解释。

张三与李四相邻而居，北边的院子是张三的私产；南边的院子是李四的私产。有一天，张三在自家院子里焚烧垃圾，北风将烟尘刮进李四的院子，起初李四好言劝阻，可张三置若罔闻，结果两人大打出手。为何如此？原因是产权不清晰。当初张三建房时，法律并没规定在院子里不能烧垃圾；而李四建房时，法律也没承诺他有不受污染的权利。可见，南北两个院子虽分别是张三和李四的私产，所有权很清晰，但产权并不清晰。

产权不清晰，会引起相关当事人的摩擦，要避免摩擦就必须明晰产权，这就带出了第二个问题：产权应该如何界定？

科斯定理指出："若交易费用为零，产权界定清晰，无论产权界定给谁皆不影响经济的效率。"这里所谓的交易费用，是指利益各方为达成某项交易而产生的协调费用，如用于谈判、通信方面的花费；请客送礼的开销；调解纠纷的行政费用或法律诉讼费用；等等。总之，除生产费用之外的一切费用，都统称为交易费用。

如果科斯定理的假设前提成立，推论肯定也成立。比如企业排放烟尘给周边居民造成了污染，这个问题怎么处理？按照科斯定理，政府若明确居民有不受污染的权利，企业就得在烟囱上安除尘器，减少污染；若明确企业有排烟的权利，居民就得为企业安除尘器，倘若此，政府无论将权利界定给谁，污染问题皆能得到解决。

然而问题在于，交易费用为零只是个理论假设，除了鲁宾逊一人世界，真实生活中不可能存在。还是上面的例子，假如政府把产权界定给工厂，居民花钱给工厂安除尘器，可工厂负责人可能说，安除尘器会影响正常生产，得给我们一些好处费，于是就产生了交易费用，若交易费用过高，后果有两个：一是维持现状，居民继续受污染；二是居民不堪忍受，到工厂寻衅滋事。

很明显，一旦有了交易费用，产权界定必受交易费用的约束。或者说，产权如何界定必须顾及交易费用的高低。当下政府之所以要求企业节能减排，从产权角度看，实际就是限制企业的排污权，而把不受污染的权利界定给居民。政府这样做一方面是保护环境；另一方面，也是考虑交易费用。因为把产权界定给居民，交易费用比把产权界定给工厂要低得多。

类似的例子：交通法规定机动车在人行道撞伤行人要负全责；在机动车道伤人也要赔偿。为什么？因为把产权（安全保障权）界定给行人，不仅交易费用低，而且可减少交通事故。还有，国家规定不许强行拆迁民宅，原因也是保护民宅的交易费用低。如果民宅不受保护，允许强行拆迁，引发的社会矛盾会层出不穷，政府管理的交易费用将不堪重负。

相反的例子，是农民的耕地产权。国家明确规定，农村土地承包经营权长期不变。可现行土地承包经营权，只含使用权与部分收益权，转让权并未界定给农民，所以近年来强征农民土地的事时有发生。农民不服，于是就上访，有的地方甚至还酿成群体事件。假如能明确规定土地产权中的转让权也归农户，卖与不卖或按什么价格卖，一切均由农民自己做主，政府处理土地纠纷的交易费用就会大大降低。

由此我们有三点结论：第一，产权有别于所有权，明晰产权不等于要改变所有权。第二，公有制产权不清晰，私有制产权也同样不清晰，因此产权改革未必要搞私有化。第三，产权包含使用权、收益权、转让权，明晰产权就是要将此三权予

以界定。第四，产权作何种安排，最终应以节约交易费用为
依归。

产权结构安排与企业行为选择

分析了所有权与产权的区别，让我们再看产权与企业行为
选择是何关系。经济学研究行为选择通常要运用"需求定律"，
该定律指出，某商品价格越高，消费者需求越小；反之亦然。
显然，价格是行为选择的约束条件，需求变化是价格约束下的
选择结果。需求定律的一般含义是，人类所有行为选择皆服从
特定约束下的利益最大化。

企业行为当然是人类行为，这样，我们就可以用"需求定
律"来研究企业的行为选择，比如将"产权"作为约束条件，
便可推断出在不同产权结构下企业行为选择的一般规律。不过
在展开分析之前，还须对"利益"与"最大化"两个概念作解释。

顾名思义，利益要比利润的外延更宽，利益不仅指利润也
指非经济收益。利润最大化是利益最大化，但不能反过来说利
益最大化就是利润最大化。人们面临约束不同，追求最大化的
目标也会不同。如企业家追求的是利润；学者追求的是学术声
誉；而官员追求的则是政绩。对解释行为，利益最大化显然比
利润最大化更实用。

何为"最大化"呢？经济学讲最大化，是指以最小成本获

取最大收益（利益）：收益一定，成本越低越好；成本一定，收益越高越好。这是说，最大化要从成本与收益两个维度去考量，既不能只考虑收益而不计成本，也不能只考虑成本而无视收益。

明确了"利益"与"最大化"概念，我们便可讨论人类行为选择的规律了。若将产权作为约束，人们为了利益最大化会怎么做？回答这个问题，当然要看产权如何安排。前面说过了，产权不同于所有权，所有权是财产的法定归属权，产权指使用、转让与收益分享权。若把转让也看作使用，产权则是使用权加收益分享权。所谓产权安排或产权结构，具体可以有四种组合。

组合一：有使用权，也有收益分享权。以中国农村的耕地为例。国家宪法规定，农村土地归集体所有，而 20 世纪 80 年代末的农村改革将耕地产权承包给了农民，而且一定 30 年不变。这就意味着 30 年内农民不仅拥有了土地使用权，同时也拥有了土地收益分享权。

组合二：有使用权，无收益分享权。这方面的典型例子是改革前的国有企业。国有的生产资料企业可以使用，但利润却要全额上缴。当年国企改革之所以从利改税起步（改上缴利润为上缴税收），目的是让企业缴税之后可以留存利润，此改革的实质是给企业界定收益分享权。

组合三：无使用权，但有收益分享权。比如 20 世纪 90 年代国内曾出现过一个非常特殊的群体，老百姓称之为"官倒"。他们倒卖土地、钢材以及各种紧俏物质的批文。其实，他们并不具有这些物质的使用权，也无须使用，而是凭借特殊身份或权力通过倒卖批文从中渔利。

组合四：无使用权，也无收益分享权。其代表性的例子是社会福利或公益机构，这些机构可接受社会捐赠，但捐赠品只能用于那些需要救助的人，机构工作人员自己既不能使用捐赠品，也不能利用捐赠品去谋取收益。

以上是产权结构的四种组合，这里要提点的是，若说某人（机构）对某资产有使用权，表明他使用该资产就是花费自己的成本；若说某人拥有收益分享权，表明他是在为自己办事。这样根据上面四种组合便可推导出花钱与办事的四种类型：组合一是花自己的钱办自己的事；组合二是花自己的钱办别人的事；组合三是花别人的钱办自己的事；组合四是花别人的钱办别人的事。

有了上面的转换，我们便可用"需求定律"推断人类行为的规律。前面说，人类行为是在特定约束下追求利益最大化，而最大化是以最小成本获取最大收益，基于此，便有以下四点推论。

推论一：花自己的钱办自己的事，既讲节约又讲效果。这些年我时常听说有人装修机关办公楼吃回扣，结果被人发现后受到处分甚至判刑；可是我从未听说有人因为自己家里装修吃回扣而被纪委双规。何故？自己家里装修是花自己的钱办自己的事，自己吃自己回扣岂不是发神经？

推论二：花自己的钱办别人的事，只讲节约不讲效果。有件事我从前一直不解，政府曾重拳打击假冒伪劣，可为何市场上假茅台屡禁不止？后经多方查访，才知原来是有人要用假茅台送礼，对假茅台有需求。人们为何要用假茅台送礼？因为送礼是花自己的钱办别人的事。只要够便宜，酒好不好喝他可以不管，酒能不能喝他也可以不管。

推论三：花别人的钱办自己的事，只讲效果不讲节约。读者想想，"八项规定"前公务消费为何有人敢一掷千金地盲目高消费？原因其实简单，那是花公家的钱办自己的事。而"八项规定"后高消费悄然降温，那是因为审计部门卡住了财务报销，堵住了公款消费的后门。

推论四：花别人的钱办别人的事，既不讲节约也不讲效果。前面讲到的办公楼装修就是花别人的钱办别人的事的例子，现实中类似的例子很多，道理也好懂，这里不再多解释。

以上推论对国企改革有何启示？主要有两点：第一，对所有权与产权可以分离的企业，政府最好将使用权与收益权一并界定，让企业既讲节约又讲效果；第二，如果由于特殊原因不能将使用权与收益权完全界定给企业，那么就得有严格的监督，否则不讲节约或者不讲效果的事将难以避免。

企业行为选择与国企改革路径

根据以上分析，推动国企改革攻坚的可取办法，是引入非公资本"花自己钱办自己事"的机制，并通过混合所有制改革实行投资主体多元化；完善企业法人治理结构，把"混"资本与"混"机制结合起来。

将"混改"作为国企改革攻坚的方向无疑是正确的，但同时要指出的是，"混改"也不能一刀切，应分类推进。目前的难题在于，国企应该如何分类？分类后又将如何改革？现行的分类方法比较多，有的是按出资主体分（如央企与地方国企），有的是按行业分（如制造企业与能源企业等）。但从改革角度，我认为应按"功能"分。政府之所以办国企，说到底是它具有其他非公企业不能替代的功能。

一般地讲，企业的功能就是创造就业与税收，但国企要特殊些。特在哪里？回答此问题得先弄清政府的职能。关于市场经济下的政府职能，学界一致的看法是四项：保卫国家安全、维护社会公正、提供公共产品（服务）以及扶贫。骤然听，以上职责并不多，可操作起来却千头万绪，政府很难事必躬亲，所以政府只好让国企来协助。我们讲国企特殊，特就特在它要承担部分政府职能。

党的十五届四中全会通过的《中共中央关于国有企业改革和发展若干重大问题的决定》（以下简称《决定》）强调，国企改革要有进有退，有所为有所不为。国企往哪里进？《决定》讲得很明确，有三大产业：一是国家安全产业；二是自然垄断产业；三是公共品与公共服务产业。为何是这三大产业？因为国企有特殊性，让国企进入此三大产业是政府办国企的目的所在。换句话说，除了以上产业，政府是用不着办企业的。

明确了国企的定位，改革分类其实也就跟着明确了。大致可以分四类：第一类是国防军工企业；第二类是资源（能源）类企业；第三类是提供公共品与公共服务的企业；第四类是一般竞争性企业。要说明的是，对照政府职能，第四类企业显然非政府职能所需。而之所以将其列入，一是它客观存在而且为数不少，二是考虑改革不能留死角。要是视而不见，这类企业就会游离于改革之外。

大家若认同上面的分类，那么改革则可对症下药。

第一类，国防军工企业。由于此类企业事关国家安全，特别是那些拥有核心技术的企业，毫无疑问必须由国家独资，旁人不能参股；而与军工相关的零配件生产企业，可允许非公资本加入，但也得由国家绝对控股。这并不是说军工企业无须改革，改革还得改，但改革并非只有"混合所有"一途，军工企业改革的重点是完善内部分配机制，强化对管理层与员工的激励与约束。

第二类，资源（能源）类企业。此类企业虽与军工企业不同，但也关乎国家的经济命脉与生态保护，故此类企业为完善治理结构，投资主体可多元化，实行混合所有，但前提是国家要绝对控股。改革的关键是，公司董事会构成要按出资比例定，而经理人员一律由董事会招聘。这是说，对国有绝对控股企业，国资委今后只须选派董事、董事长，不得再任命总经理、副总经理。

第三类，提供公共品与公共服务的企业。由于公共品的消费不排他，市场对公共品又难以定价，这样公共品的生产民营企业通常不会投资。而既然是公共品，公众有需求，政府提供就义不容辞。所以公共品通常得由国家投资的企业提供。参照国际经验，此类国企改革重点有二：一是建立由社会公众参与的企业考评机制，并将考评结果作为高管层任免的重要依据；二是通过招标委托非公企业生产，然后政府订购、再提供给公众。

第四类，一般竞争性国企。一般竞争性国企并非政府职能所需，下一步应加大这类企业的改革力度。总的原则，是"有所不为"，当然不是要完全从竞争性领域退出，但国资的比重应降低。分两种情况：现有的高新技术与支柱产业的企业，国家可相对控股，无须绝对控股；除此之外，所有其他竞争性企业国家仍可持股，但不应再持大股。

振兴乡村产业要以农民为主体

　　20 世纪 70 年代末安徽小岗村率先搞土地承包制，从此拉开了中国农村改革序幕。时隔 40 年后，习近平总书记在十九大报告中提出"乡村振兴战略"。本文将围绕乡村振兴重点讨论三个问题：一是中央为何提出"乡村振兴战略"？二是"三变"改革对推动乡村产业振兴意义何在？三是振兴乡村产业如何坚持以农民为主体？在这里我谈一些思考与大家讨论。

从土地承包到乡村振兴
"三变"改革与振兴乡村产业
振兴乡村产业与富裕农民

振兴乡村产业要以农民为主体

20 世纪 70 年代末安徽小岗村率先搞土地承包制，从此拉开了中国农村改革序幕。时隔 40 年后，习近平总书记在十九大报告中提出"乡村振兴战略"。本文将围绕乡村振兴重点讨论三个问题：一是中央为何提出"乡村振兴战略"？二是"三变"改革对推动乡村产业振兴意义何在？三是振兴乡村产业如何坚持以农民为主体？在这里我谈一些思考与大家讨论。

从土地承包到乡村振兴

让我先从问题切入：30 年前中央为何未提"乡村振兴战略"，而且 10 年前也未提？我的看法，是那时还不到振兴乡村的时机。众所周知，解决"三农"问题需要工业化和城市化带动。改革开放之初，我国有 8 亿人口在农村，农民人均耕地 2

亩多。在这种典型的二元经济背景下，如果不通过工业化和城市化将部分农民转移进城市，农民怎可能致富呢？

经济发展有阶段，当然就要尊重发展阶段的规律。300多年前，威廉·配第在研究当时英国农民、工人与船员收入后发现：论从业收入，从事农业不如从事工业，从事工业不如从事商业。20世纪40年代克拉克对配第这一发现作了验证，并提出了"配第—克拉克定理"。后来刘易斯提出"城乡二元经济模型"也得出结论说：工业化初期农村劳动力将会流向城市。

中国30多年的经验，完全印证了上面的推断。据最新入户调查结果显示，目前我国农村常住人口为5.8亿人。这是说，过去8亿农村人口中，已有2.2亿人转移进了城市，而且这2.2亿人口都是青壮劳动力。想问读者，当一个国家农村劳动力大规模流向城市的时候，你觉得有可能振兴乡村吗？

以前不提"乡村振兴"而现在可以提，原因是中国工业化已进入到中后期，农村劳动力流向已开始发生改变。2008年是个节点。受国际金融危机的影响，当年有2000万农民工下岗返乡。而据有关调研报告称，这2000万人后来大多留在农村就业创业，并没有再进城市。这预示着农村劳动力向城市流动已经临近"刘易斯拐点"。

从国际经验看，当一个国家城市化率超过50%，资本、技术、管理等要素就会转而向农业部门流动。我看到的资料，20世纪50年代美国就出现了这种现象，到70年代，欧洲工业化国家以及日本、俄罗斯等国也相继出现这种趋势。2010
年，我国的城市化率已接近50%，2016年底已达57.6%，由
此见，现在实施"乡村振兴战略"是适逢其时。

以上说的是战略背景，下面再分析"乡村振兴战略"究竟
有何深意？

关于实施乡村振兴战略，十九大报告提出了20字的总
要求："产业兴旺、生态宜居、乡风文明、治理有效、生活富
裕。"为此，中央又提出了四大配套举措：深化农村土地制度
改革，保持土地承包关系长久不变；深化农村集体产权改革，
保障农民财产权益；构建现代农业经营体系，培育新型农业经
营主体；加强农村基础工作，健全乡村治理体系。

或许有人说，以上举措在以前的中央文件中皆能找到。我
要提点的是，十九大提出的举措与之前的举措虽相同，但含义
却不同。比如保持土地承包关系长久不变、保障农民财产权
益、培育新型农业经营主体等，中央以前主要是对农民讲，是
给农民吃定心丸；而中央今天重申，一方面是对农民讲，同时
也是对城市的企业家讲，目的是鼓励企业家投资农业，大胆吸
收农民承包地入股，成为新型农业经营主体。

据此分析，我们便可从两个角度理解"乡村振兴战略"的
深意。从近期看，解决"三农"问题是实现全面小康的关键，
决胜全面小康当然需要振兴乡村。从长远看，则是引导、支持
城市资本下乡，推进农业农村现代化；并通过振兴现代农业确

保国家粮食安全。这后一点尤为重要，中国是全球第一人口大国，如果中国人的饭碗不能牢牢端在我们自己手中，后果将不堪设想。

"三变"改革与振兴乡村产业

所谓"三变"改革，具体讲是"资源变资产；资金变股金；农民变股东"。我曾赴"三变"改革发源地六盘水作过调研，从钟山到水城再到盘州，农民谈起"三变"头头是道。在米箩乡与农民座谈时我问："三变"到底有什么好？一位李姓农民说："以前家里穷，连媳妇都娶不上，搞'三变'后家里富了，现在不仅娶了媳妇，还买了汽车。"类似的故事所到之处皆能听到，这大概就是"三变"改革的魅力吧！

人们拥护改革，一定是改革能给他们带来实惠。但应该追问的是，"三变"改革为何能让农民收入奇迹般增长？近几年报刊推介"三变"改革的文章很多，遗憾的是从学理层面讨论的却不多。从学理层面看，"三变"改革的核心要义，我认为是增加农民的资产性收入。

我的思考是这样：古往今来，农民一直是低收入群体。农民收入低并非农民不勤劳，而是农民没有资产。比如旧中国的地主比农民富，绝不是地主比农民勤劳，而是他们拥有土地，可取得资产性收入。众所周知，经济学讲分配，是按生产要素的贡献分配；而要素所有者参与分配的比例，则取决于不同要素的稀缺度。这是说，谁掌握的生产要素稀缺，所占的分配比例就越大。

问题就在这里。土地与劳动力相比，由于土地供给不能增加；而人口却不断增长。比较而言，土地会显得稀缺。这样，地主的资产性（土地）收入当然会高于佃农的劳动收入。由此推：一个人若拥有资产，不论资产为何，只要该资产的供应比劳动力稀缺，则资产性收入皆会高于劳动收入。大家想想，改革开放后先富起来的群体，有谁不是靠资产性收入致富的呢？

前面我说，"三变"改革的核心要义是增加农民资产性收入。而要增加农民资产性收入，前提就得让农民有资产。从这个角度看，我们就不难理解政府为何要推动"资源变资产"了。政府的用意很明显，将资源变资产不仅可盘活农村的闲置资源；更重要的是，只有将资产确权给农民，资产才能变股金，农民才能变股东。

然而这只是农民增收的前提。让农民有资产，并不等于有资产性收入，有资产与有资产性收入是两回事。举个例子，你投资 1000 万元办厂，一年下来若利润为零，那么你的资产性收入就是零。同样道理，即便农民有资产，但如果资产不增值，同样也不会有资产性收入。所以我的第二个推论是：要让农民有资产性收入，还得让农民的资产增值。

资产增值通俗地讲就是让资产涨价。资产怎样才能涨价呢? 经济学说: 资产价格是人们对该资产预期收入的贴现。用公式表示: 资产价格 = 资产预期年收入 / 银行年利率。由于利率相对稳定,资产价格实际决定于资产的预期收入。影响资产收入预期的因素多,而最重要的就两个: 一是资产的稀缺度;二是资产的当期利润。物以稀为贵。供应稀缺的资产,收入预期当然看涨;而资产当期利润,也会影响人们对未来收入的判断。

六盘水的经验证明: 政府以"平台公司"为支点,用 PPP 模式投资农村基础设施,可以提升农民资产的稀缺度;而推动规模经营,则可提高农民资产的当期收益。据水城县县长说,当地农民的房子之前并不值钱,2018 年通了公路,农民在自己家开旅馆,现在每平方米涨到了 3000 元。米箩乡农民也告诉我,过去种猕猴桃 8 分钱一斤卖不掉。现在土地入股实行"标准化"生产,每斤涨到 30 元却供不应求。

振兴乡村产业与富裕农民

早在 20 世纪 90 年代初,邓小平曾预言农村发展有两个飞跃: 第一个飞跃是实行家庭联产承包责任制;第二个飞跃是发展适度规模经营。今天各地耕地流转风生水起,已印证老人家当年的洞见。问题是实行规模经营土地应该向谁集中? 中央讲得很清楚,振兴乡村最终是要富裕农民。而要富裕农民,土地流转就得以农民为主体。

然而据我观察，时下耕地流转大多是向龙头公司（工商企业）集中。何以如此？一个重要的原因是农民手里缺资金，而规模经营须有大量的资本投入。前不久在南方农村调研，我看到当地农户以每亩 300—500 元的价格将耕地经营权转让给了龙头公司，曾问当地干部，农民为何愿意低价转让？当地干部说：农民自己搞不了规模经营，若分散经营，每亩年收入差不多也是 300—500 元。

骤然听，农民照此价格转让土地经营权并未吃亏，可真实情况并不尽然。调研中我一路上不断听到有基层干部抱怨，说现在推动耕地流转难度大，不少农户不愿转让耕地。为了让农民转让，县里还派干部下乡驻村，责任到人，一家一户地去劝说农民。一语道破，原来目前农村耕地流转并非完全出于农民自愿，而是由地方政府在背后推动的。

农村耕地实行"三权分置"后，所有权归村集体；承包权和经营权归农户。在经济学里，承包权和经营权相当于产权。具体说，产权是指耕地的使用权、收益权、转让权。顾名思义，转让权包含有"转让"或"不转让"两种权利。这是说，保护耕地产权不仅要保护农民自愿转让的权利，也要保护农民不愿转让的权利。这样就带出一个问题：农民不愿意转让耕地经营权而地方政府却要求转让，是否侵害了农民的耕地产权（不转让的权利）？

平心而论，地方政府的初衷是为了帮助农民增收，可农民怎么看呢？我做入户调查时有农民说：现在企业支付的耕地流转费每亩不足 500 元，而企业用流转的土地搞规模经营，每亩收益在 5000 元以上，如果耕地由我们自己集中，再请省里农业技术专家当顾问，每亩年收益绝对不止 500 元。后来我在吉首隘口村看到农民自己成立了合作社，每亩收益确实达到了7000 元。

难题在于，搞规模经营需要基础设施投资和引进科技，农民自己没有钱怎么办？在调研中我发现，但凡以农民为主体搞规模经营的地区，都是用耕地经营权抵押从银行取得贷款。可是此做法目前只是在少数地区试点，面上并未推开。问题就在这里，耕地经营权若不允许抵押融资，农民搞规模经营的资金从何而来？

对耕地经营权不能抵押，多年来我一直有疑惑。政府当初作此规定，据说是担心农民一旦还不了贷款将会导致失地。这其实是杞人忧天。要知道，农民抵押给银行的只是经营权，即便日后还不了贷款，银行处置的也只是经营权，农民并未丧失承包权。再想深一层，农民若将耕地经营权流转给公司，也同样会失去经营权。不同的是，农民将耕地流转给公司，是真正失去经营权；而抵押给银行，只是有可能失去经营权。

耕地经营权能否抵押融资，关键在银行。当前银行顾虑重重，一方面是现行政策规定银行处置耕地经营权必须征得农民同意；再一方面是没有全国性的耕地经营权流转市场，银行难以通过各地区域性流转平台及时转让耕地经营权。

为此我提三点建议：一是修订相关政策法规，确立耕地经营权抵押的合法性；二是建立全国性耕地经营权流转市场；三是由财政出资设立风险补偿基金，为金融机构适度分担或缓释贷款风险。

中国城市化的走向

　　最近有学者预言：中国未来发展将逐步显现"逆城市化"特征。"逆城市化"是 1976 年美国学者波恩提出的概念，意思是当一个国家城市化率达到一定水平后，人口会向小城镇或乡村流动。此现象能否可看作是"逆城市化"？或者中国城市化的走向是否会出现逆转？本文将就这个问题进行讨论。

从一种消费选择现象说起
从消费选择聚中看工商企业扎堆现象
从工商企业扎堆看城市化规律
中国城市化趋势会逆转吗

中国城市化的走向

最近有学者预言：中国未来发展将逐步显现"逆城市化"特征。"逆城市化"是 1976 年美国学者波恩提出的概念，意思是当一个国家城市化率达到一定水平后，人口会向小城镇或乡村流动。此现象能否可看作是"逆城市化"？或者中国城市化的走向是否会出现逆转？本文将就这个问题进行讨论。

从一种消费选择现象说起

2017 年夏天我到福建东山调研，听说当地有一条海鲜街，那天特地去那里用晚餐。选哪家餐厅好呢？我从街道一头往另一头搜选，结果发现越靠近中段，餐厅里顾客越多；而走过一半，顾客却渐渐少下来。有趣的是，2018 年在北戴河也见到海鲜一条街，而且也是中段餐厅顾客多。于是突发奇想：消费选择聚中是否是个规律?

带着这个疑问,后来又到北京的几处餐饮街作探访,所观察到的结果与在东山、北戴河看到的情况大体相同。由此可以断定,消费选择聚中应该是个规律。可怎样论证这一规律呢?科学研究方法论说:事实不能用事实解释,要用理论解释。问题是我们用什么理论作解释呢?这些日子反复思考,所想到的理论解释如下。

(一)前提假设。作理论推理需要有相应的前提假设,而我的假设是:海鲜一条街是竞争市场,且每家餐厅都是受价者而非觅价者。也就是说,各家餐厅所提供菜品的"性价比"皆大致相同。为何作这样的假设?因为在充分竞争条件下,谁抬高价格谁就会失去顾客;而压低价格则引发恶性竞争,会导致所有餐厅多败俱伤。

(二)推理工具。研究人类行为规律当然是要用"需求定律"。"需求定律"说:在特定约束条件下人们要争取收益最大化。而此处对消费者来讲,约束条件是搜寻餐厅所付出的成本(时间与体力);收益最大化,则是寻找到"性价比"最优的餐厅。显然,消费者作何选择最终要根据自己的"搜寻成本"与"餐厅性价比"作权衡。

(三)成本收益分析。从成本看,随着搜寻餐厅数量增多,消费者体力或时间耗费增加,边际成本不断上升;从收益看,由于存在竞争,餐厅"性价比"大致相同,并不存在最价廉物美的餐厅。这是说，人们从街道两端搜寻至中途，其边际收益皆为零。既如此，当两端顾客碰面交换信息后会停止搜选，于是形成了消费选择聚中现象。

若以上推理成立，我们便可提出"消费选择聚中定理"。可表述为：假定市场存在竞争且供给产品的品质相同，那么消费者对消费场所的选择一定聚中。反之，若市场竞争受到限制，或者产品的品质存在差异，则消费者选择不会聚中。比如"酒香不怕巷子深"，消费者不聚中选择，是因为产品的品质与众不同。

从消费选择聚中看工商企业扎堆现象

现实中还有一个现象：工商企业大多偏好扎堆。留心观察，我们不难发现一个城市最繁华的地段，往往是中心城区。为何中心城区会最繁华？因为中心城区的商铺相对密集。若进一步问：各类商铺为何要选择在中心城区扎堆？解释这现象则需要借助上面的"消费选择聚中定理"。

事实上，商家在何处开店也是行为选择，既然是行为选择，那么也得服从约束条件下的利益最大化规律。对商家来说，约束条件是生产成本和销售成本；而利益最大化，则是争取最大化销售利润。就单个商品来说，利润等于价格减成本。若成本一定，价格越高利润越大；若价格一定，则成本越低利润越大。

根据供求原理，商品供不应求，卖方可以按成本加利润定价；但若商品供过于求，价格则由需求方（买方）决定。然而市场经济常态是商品供过于求，故价格通常是由买方的需求决定而非卖方的成本决定。既然商品价格由需求方决定，而销售收入等于单位商品价格乘商品销售量，于是销售量便成为决定销售收入的关键变量。

进一步分析：企业总利润等于总销售收入减总成本。前面说过了，决定销售收入的关键变量是销售量，而根据"消费选择聚中定理"，商家为了扩大销售量，必然会选择在消费者密集的中心城区开店；另外从成本看，假定短期内企业技术变化相对稳定，生产成本也相对稳定。如此，销售成本就成为决定总成本的关键变量，若要降低销售成本，商家也会选择在中心城区开店。

以上是对工商业扎堆的理论解释，要判断这一解释是否成立，则需要用事实作验证。限于篇幅，这里我仅举两例。

一个例子是小城镇的前店后厂。不知读者是否注意到，国内小城镇存在一种普遍现象，那就是临街面大多是商铺，而商铺后面是加工作坊。对为何存在这种现象，我曾与多家商铺主人交谈过，他们一致的解释是，前店后厂既方便消费者购买，也能节省商家的销售成本。

另一个例子是大城市的销售门市。与前店后厂不同，比如茅台酒、阳澄湖大闸蟹等生产地并不在大城市，而生产企业却选择在北京、上海等大城市设门市（专卖店），出现这种现象原因有二：一是生产工艺对气候、土壤、水质等有特殊要求，产品在当地生产的成本更低；二是大城市人口多、市场需求大，在大城市设门市可扩大销售，同时也可节省消费者的搜选成本。

现实生活中类似的现象很多，究其原因，说到底皆是工商企业为了争取利润最大化而生产跟着销售走，销售跟着消费者走；而由于消费者选择倾向聚中，所以就有了工商企业扎堆现象，这种带规律性的现象我们不妨称为"工商企业扎堆定律"。

从工商企业扎堆看城市化规律

据历史学家考证，城市最早起源于乡村集市。随着家庭自然分工（男耕女织）和生产工具改进，生产效率提高，人们生产的产品除了满足自己消费还有了剩余。剩余产品需要交换，于是在一个区域的中心慢慢出现了集市。不过早期集市的交易量并不大，而且只在固定时间（如每月初一、十五）交易，因为当时人们剩余产品不多，没人会每天为卖两三个鸡蛋就跑一趟集市。

需要研究的是，早期的乡村集市为何会演变成后来的城市？从经济学角度分析，是自然分工发展成社会分工后，社会分工推动了城市的兴起。

　　经济学说过，商品交换有两个前提：一是不同的产品所有权；二是社会分工。若不保护生产者的产品所有权，不可能产生商品交换，而且会导致偷盗、抢劫盛行；而若没有社会分工，也不会有普遍的商品交换。比如当种植业与纺织业成为固定的社会分工后，人们就需要互通有无，而要互通有无，就必须交换，否则专门种粮食的会没衣服穿，而专门织布的会没粮食吃。

　　分工是交换的前提，但有交换并不等于就有城市。所谓"兴城先兴业"，说的就是城市发展要有产业作支撑。是的，假若没有工商企业在集市附近扎堆，集市不过就是个交换场地，不可能变成城市。由此想深一层，工商企业选择扎堆其实除了消费者倾向聚中选择外还有一个原因，那就是社会分工。若没有社会分工，也不可能有工商企业扎堆。

　　何以作此判断？让我仍以种植业与纺织业分工作分析。众所周知，种植业的劳动对象是土地（农田），由于农田搬不动、移不走，这就决定了种植业不可能到异地扎堆。然而纺织业不同，它不以农田为劳动对象，可以离开农田到某个销售地投资设厂。也正因如此，所以我们说有了社会分工，工商业扎堆才有可能真正扎堆。

　　需要追问的是，工商企业扎堆为何能带动城市的兴起呢？可从两方面看：一方面，工商企业扎堆会对劳动力产生需求；另一方面由于工商业部门收入高于农业部门，劳动力也会从农业部门向工商业部门流动。我们知道，劳动力既是生产者同时也是消费者；而且劳动力流动会伴随资本、技术等要素向工商业部门流动。当工商企业数量集聚到一定规模，集市也就渐渐变成了城市。

事实确也如此。今天的城市之所以分别处于不同区域的中心位置，归根到底，是消费聚中选择和工商企业扎堆所形成的结果。放眼看，迄今为止世上没有一个城市化国家绕开了工业化；也没有一个工业化国家绕开了城市化。可见，城市化与工业化是密不可分的同一过程。

也许有人问：城市是工商业扎堆的结果，可为何城市会有大小之分？对此我们仍须从分工与交换的角度解释。经济学讲：分工决定交换，但同时交换的范围也决定分工的范围。换句话说，市场交换的半径越大，分工范围就越大；分工范围越大，从农业分离出的工商从业者就越多。工商从业者越多，城市规模也就越大。

举个例子解释吧。若交换范围仅局限于一个村，那么分工就只能在一个村范围进行。假定一个村分工后有 8 户人家从事工商业，显然，仅有 8 家工商企业的集市算不上城镇；若交换范围扩大到 10 个村，在 10 个村分工则有 80 家工商企业，这样集市就能变成城镇；若在 100 个村范围内分工，有 800 家工商企业则足以撑起一个县城。

中国城市化趋势会逆转吗

在回答这个问题之前，让我们对前面的分析作一简要总结，有三个重要观点：第一，消费者对消费场所的选择具有聚中倾向；第二，工商企业偏好在消费者密集地集聚扎堆；第三，城市发展需要以工商企业扎堆作支撑。如果以上三点成立，那么便可作为我们讨论中国城市化趋势是否会逆转的直接判据。

先看消费聚中选择。有学者认为，进入互联网时代后人们搜选商品的成本会大幅降低，消费选择聚中定理将不再成立。此看法是片面的。在互联网上搜寻商品信息的成本虽会降低，但要从海量信息中甄别商品优劣也有成本，比如有人买到假货或不中意的商品，其实就是他所付出的成本。这样看，网店不可能完全取代实体店。只要有实体店存在，"消费选择聚中定理"就不会变。

再看工商企业扎堆。随着企业投资规模不断加大，投资边际收益会递减，劳动力工资增长也会受到限制；同时随着工商企业数量增加和城市人口密度加大，城市居民生活成本会提高。在此情况下，确实会出现企业（人口）向小城镇和乡村迁移的现象，但这种现象并不能改变"工商企业扎堆定律"，只是工商企业转换了扎堆地点而已。

再看城市的产业支撑。工商企业选择在何处扎堆，那里就会发展为城市，过去如此，现在如此，将来也一定如此。深圳是典型的例子，改革开放前深圳只是个小城镇，1980 年设立经济特区后，吸引了大量工商企业扎堆，短短 40 年，深圳今天已发展成为闻名遐迩的大都市。相反的例子是澳大利亚的堪培拉，堪培拉虽是该国首都，但由于没有足够的工商企业扎堆，至今也不是大城市。由此见，城市化要以工业化为依托也不会改变。

既然以上三点皆不变，那么怎样看待美国学者波恩提出的"逆城市化"呢？我们的看法：企业（人口）从大城市向小城镇或乡村流动，只能说明城市存在适度规模限制，但不能将此看作是"逆城市化"。恰恰相反，这种流动表明城市化将全面提速：比如现在有些乡村慢慢会变成小城镇；有些小城镇会变成小城市；有些小城市会成为中等城市或大城市。近年来工商资本下乡，农村生产方式和生活方式的变化已经显现出这种势头。

分析至此，本文最后的结论是：无论生产要素向何处流动，它所改变的只是城市的规模和城市的生长点，而不可能改变消费选择聚中和工商企业扎堆的规律，故城市化的趋势不可能逆转。具体对中国来说，目前我国尚处在工业化中期阶段，城市化仍任重道远，因此我们绝不能受"逆城市化"的误导而放缓城市化进程。

研究收入分配的三个角度

改革开放 40 年来，收入分配一直是社会普遍关注的问题，目前学界讨论的焦点集中在三方面：一是我国在公有制基础上发展市场经济为何会出现收入分配差距？二是怎样衡量当前的收入分配差距？三是如何调节收入分配差距？回答以上三个问题，关键是要选准正确的研究角度，如果研究角度不对，得出的结论必然似是而非。

研究当前我国收入差距的形成：应从交换角度分析
衡量当前我国收入差距：应从消费角度比较
调节当前收入差距：应从兼顾公平效率角度施策

研究收入分配的三个角度

改革开放 40 年来，收入分配一直是社会普遍关注的问题，目前学界讨论的焦点集中在三方面：一是我国在公有制基础上发展市场经济为何会出现收入分配差距？二是怎样衡量当前的收入分配差距？三是如何调节收入分配差距？回答以上三个问题，关键是要选准正确的研究角度，如果研究角度不对，得出的结论必然似是而非。

研究当前我国收入差距的形成：应从交换角度分析

中国成功地从计划经济体制向市场经济体制转轨，其中一个重要标志，是分配体制从单一按劳分配转向"以按劳分配为主体，多种分配方式并存"。经济学研究表明，市场经济的分配与交换是同一个过程，因此我们讨论市场经济下收入分配差距形成的原因，不能仅就分配谈分配，而应从交换角度研究和分析。

关于收入来源与收入分配，萨伊于 19 世纪初曾提出所谓的"三位一体公式"：资本—利润、土地—地租、劳动—工资。我们知道，马克思在《资本论》中批评过萨伊，说他混淆了收入来源与收入分配的区别；并指出资本得到利润、土地得到地租，并不是资本创造了利润或土地创造了地租，资本与土地不过是创造收入的条件。

马克思的分析是对的，收入只能来源于劳动者的劳动，可这是否意味着其他要素就不能参与收入分配呢？当然不是。事实上，只要建立市场经济体制，就必须允许全要素参与分配。读者想想，党的十六大报告为何提出"确立劳动、资本、技术和管理等生产要素按贡献参与分配的原则"？原因很简单，如果我们不确立这个原则，就无法调动全社会资源参与社会主义现代化建设。

往深处想，市场经济下实行按要素分配，其实是与市场经济的前提有关。市场经济是交换经济，而商品交换需要有两个前提：一是商品要有不同的占有主体；二是保护产权。马克思在分析商品交换时曾经指出："商品不能自己到市场去，不能自己去交换。因此，我们必须找寻它的监护人，商品所有者。"同理，生产要素也是商品，若没有占有主体，也不能自己进入到市场去交换。

商品交换为何要保护产权？或者反过来问：如果一个国家不保护产权意味着什么？这无疑是默认弱肉强食规则，意味着抢劫盗窃、欺行霸市等行为皆不违法。倘如此，不仅不可能产生商品交换，反而会导致强盗横行。14—15 世纪英国的圈地运动，就是这方面的例证。

商品交换要保护产权，而产权被保护，那么收入就只能按要素分配。为何作此推断？让我用下面的例子解释：假定有三个人分别是资本、土地和劳动力的所有者，经过共同协商，他们将各自生产要素组合起来办企业，结果一年收入了 100 万元。请问这 100 万元怎么分配？假如国家保护产权，三个要素所有者都应参与分配，否则剥夺任何一方的分配权，都会造成对产权的侵犯。

时至今日，人们对按要素分配已有共识，当前人们的困惑是，按要素分配为何会出现收入差距。对此马克思早就为我们提供过分析视角。马克思明确讲：利润是资本的价格；地租是土地的价格；工资是劳动力的价格。从这个角度看，按要素分配其实就是给要素定价。价格要由供求决定，供不应求的要素价格会高，供过于求的要素价格会低，由于要素的稀缺度不同，在收入分配中的占比也必然不同。

懂得了上面的原理，我们就不难解释我国为何会存在收入差距。在中国现阶段，劳动力、资本、技术、管理诸要素中，劳动力相对丰富，资本和技术相对稀缺，由此便决定了资本、技术等要素的收益率会高于劳动力要素的收益率。可见，我国当前收入分配出现差距与社会制度无关，而是要素的稀缺度不同所形成的结果。

衡量当前我国收入差距：应从消费角度比较

学界通常用基尼系数衡量收入差距，基尼系数作为衡量收入差距的工具并没有错，关键是我们对收入怎样理解。在经济学里，收入分资产性收入和劳动收入两种：资产性收入是指投资利润；而劳动收入则主要指工资。目前人们希望缩小收入差距，那么我们就得弄清楚这个差距的含义是什么？究竟是指资产性收入与劳动收入的差距，还是仅指工资性收入之间的差距？

举例说吧。某民营企业一年利润为 2000 万元；而某员工一年工资为 10 万元。若从资产性收入看，企业主收入是 2000 万元，两相比较，企业主收入是员工收入的 200 倍，差距可谓大也。可值得注意的是，若从收入使用的角度看，利润却不同于工资：利润主要用于扩大再生产，而工资则主要用于个人消费。若用利润与工资之比来反映收入分配差距，是否也不太合理？

严格地讲，资产性收入并非企业主个人收入。费雪 1930 年出版的《利息理论》曾给收入下过定义，说"收入是一连串事件"。意思是，货币只有当人们用于购买食物、衣服、汽车等进行享用时才成为收入，没有享用的货币，是资产或财产。如某企业主一年进账 1000 万元，其中 20 万元用于个人消费；980 万元用于投资。按照费雪的定义，20 万元是他的收入，980 万元则是他的资产。

不难看出，费雪是将收入定义为个人消费费用。现在的问题是，比较收入差距我们应选择哪种口径的收入？在我看来，选择何种口径的收入要取决于比较收入差距的目的。当年马克思选择用资本家利润（剩余价值）与工人工资作对比，目的是为了揭示资本积累的历史趋势，唤起工人起来推翻资产阶级。而我们今天研究收入差距的目的显然不同，是为了给政府调节收入分配提供依据。

正因为目的不同，研究当前我国的收入差距就不能用利润与工资作比较。前面说过，利润会转化为投资，投资形成的资产虽为企业主所有，但主要不是用于企业主个人消费。恰恰相反，企业资产越多，创造利税越多，对社会的贡献也就越大。从这个意义上说，企业主资产也是社会资产，所以不能简单地将利润算作企业主收入。

请读者思考一个问题，将利润算作企业主收入，除了夸大收入差距还有何实际意义？应该说，中国经济发展能创造奇迹，民营经济功不可没。在我国目前经济体系中，民营经济为国家贡献了 50% 以上的税收；60% 以上的国内生产总值；70%

以上的技术创新成果；80%以上的城镇劳动就业；90%以上的企业数量。习近平总书记多次讲，民营企业家是我们自己人。既然是自己人，我们何必夸大收入差距去误导人们对民营企业家不满呢？

这里要特别提到经济学诺奖得主卡尼曼所作的一项研究。他发现：人们的幸福感不仅来自收入，同时也来自比较的参照。20世纪70年代，美国居民收入和第二次世界大战前比平均高出不止3倍；可据他的调查结果显示，由于战后人们收入差距扩大，美国普通民众的幸福感却反而不如战前。此研究给我们的启示是，我们要调节收入差距，但也不能过度夸大收入差距，否则就会对社会产生消极后果。

调节当前收入差距：应从兼顾公平效率角度施策

我们不能夸大收入差距，当然也不能否认当前存在收入差距。实现共同富裕是中国特色社会主义的本质要求，政府必须重视调节收入分配差距。习近平总书记强调：要"作出更有效的制度安排，使全体人民在共建共享发展中有更多获得感"。何为"更有效的制度安排"？我体会，就是能兼顾公平与效率的收入调节机制。

毋庸讳言，追求公平是人类的天性，与生俱来。美国哲学家罗尔斯在《正义论》中曾作过这样的讨论：把一群人送到一个孤岛，让他们一切从零开始，谁也没有财产，谁也不知道未来，然后让他们自己选择分配制度，他们会选择均等分配还是差别分配？罗尔斯推测，多数人会选择均等分配。罗尔斯作此推测显然不是主观臆断。有事实为证，原始社会的分配其实就是均等分配。

对人类为何倾向于均等分配，英国经济学家庇古在1920年出版的《福利经济学》中作过分析。他说：即便社会财富不增加，只要均等分配收入便能增进社会福利。庇古的理由是：穷人手里一元钱的效用要比在富人手里的效用大。富人增加一元钱不过是锦上添花，减少一元钱也无伤大雅；可对穷人来说，增加一元钱是雪中送炭，减少一元钱则可能影响生存。于是他得出结论：将富人收入转移一部分给穷人，必能增加社会福利。

20世纪前半叶，庇古的观点广受好评，并一度影响过西方国家的分配政策。可后来由于英国等欧洲国家先后患上了"福利国家病"，庇古便遭到了众多的质疑和反对。有学者批评说，公平与效率同等重要，绝不能顾此失彼，若只强调公平不重视效率，经济发展就会停滞，最后富人都会变成穷人。

其实，在庇古之前，意大利经济学家帕累托就提出过"帕累托最优状态"。其含义是，在既定分配状态下，若不减少一个人的福利便无法增加另一人的福利，分配若达到这样的状态就是最优状态。反之，若不减少任何人的福利却能增加其他人的福利，则属"帕累托改进"。帕累托指出，只有"改进状态"

的收入调整，才能同时兼顾公平与效率。

然而困难在于，现实中收入调整不能仅局限于"帕累托改进"，为了照顾公平，政府有时不得不抽肥补瘦。问题是在何条件下才可抽肥补瘦呢？为此美国学者卡尔多提出了"假想补偿原则"：即补贴穷人要以穷人收入增加能弥补富人收入减少为前提。比如让富人拿 100 元补贴给穷人，若穷人能够增加 100 元，这样的调整可取；若穷人只增加了 90 元，对社会则是得不偿失。

问题是怎样让补贴有效率？弗里德曼主张采用负所得税方案，即：负所得税（补贴）= 社会贫困保障线 – 个人实际收入 × 负所得税税率。举例解释：假定社会贫困保障线为 1000 元，负所得税税率为 50%，若某人实际收入为 1000 元，按上面公式计算可得补贴 500 元，个人可支配收入（实际收入 + 补贴）为 1500 元；若实际收入为 500 元，可得补贴 750 元，个人可支配收入为 1250 元。可见，用这种办法补贴穷人可鼓励人们勤奋劳动创造收入。

以上是理论分析，转向政策操作层面，我认为政府调节收入分配应把握三个重点：第一，公平事关人心向背，为防止收入分配差距过大，政府要密切关注收入分配状况并适时予以调节；第二，对"帕累托改进状态"的收入分配改革，应尽可能加快推进；第三，调节收入差距应兼顾公平与效率，要立足供给侧"造血"，从消费性扶贫转向生产性扶贫。

简短的结论

综上分析，可以得出以下三点结论：

结论一：市场经济的分配与交换是同一过程，按要素分配就是给不同的生产要素定价。按照供求决定价格原理，只要生产要素稀缺度存在差异，收入分配就会出现差距，当前我国存在收入分配差距的原因即在于此。

结论二：民营企业家是中国特色社会主义事业的建设者，而且企业利润并不是企业家的个人收入，因此我们不能用利润与工资之比反映我国当前的收入差距。由此说，中国基尼系数的测算应以消费支出为基础，否则会夸大收入差距，误导人们的视听。

结论三：调节收入分配差距既要注重公平，也要兼顾效率。当前要以精准脱贫为重点，加快推进"帕累托改进型"的收入分配改革。加大职业教育培训力度，提高劳动力要素的技术含量；利用扶贫资金，从供给侧扶持农民发展生产；发挥社会政策托底功能，为贫困人口提供基本生活保障。

房价问题的经济学分析

近年来国内房价居高不下，引起诸多抱怨与批评。国内房价为何会偏高？有学者认为是房地产开发商为了牟取暴利而哄抬房价；而开发商则将房价上涨归结于地方政府搞土地财政；也有学者认为是市场过度炒房导致的结果。对房价问题到底怎么看？本文将从经济学角度作分析。

房价与成本：房价由供求决定而非成本决定
房价与地价：房价拉高地价而非地价推高房价
房价与炒房：炒房会推高房价而高杠杆会加剧炒房
房价与政府：重点应稳定房价而不必打压房价

房价问题的经济学分析

近年来国内房价居高不下，引起诸多抱怨与批评。国内房价为何会偏高？有学者认为是房地产开发商为了牟取暴利而哄抬房价；而开发商则将房价上涨归结于地方政府搞土地财政；也有学者认为是市场过度炒房导致的结果。对房价问题到底怎么看？本文将从经济学角度作分析。

房价与成本：房价由供求决定而非成本决定

大约 10 年前，针对当时国内的高房价，社会上舆论一边倒，口诛笔伐，纷纷指责房地产开发商为富不仁，哄抬房价。于是，要求公布开发商成本、反对暴利的呼声不绝于耳。消费者希望房价回落可以理解。但要指出的，这种指望公布成本打压房价的想法是错开了药方。

事实上，商品价格并不完全由成本决定。"文革"时期的邮票，当年 8 分钱一枚，今天一枚卖近千元，成本未变，而价格却涨了近万倍。再比如中秋节月饼，节前一盒卖数百元，而中秋一过便立即降价。月饼降价显然不是成本下降了，而是供求发生了变化对不对？

当然，商品按成本加成定价的情况也是有的。不过得有个前提，那就是供不应求。经济学说，价格要由供求决定。若从厂商看，定价必会考虑成本，蚀本的事没人肯做。问题是，厂商按成本加成定价，若消费者不买，有行无市，所定价格也就形同虚设。反过来，假若商品短缺，求者若鹜，明知有人出高价，厂商也绝不会拘泥于成本，有钱不赚，天下不会有这样的商家。

要求开发商公布成本，无非是说房价相对成本过高，政府应该反暴利。可问题是谁能说清楚价格高出成本多少是暴利？是 20% 还是 30%？若把利润超出成本 30% 视为暴利，那么要反的恐怕就不只是房地产行业。高科技如生物制药，传统产业如餐饮，高出这个比例的企业肯定不少。再说，若不允许企业追求高利润，企业创新的动力从何而来？

从经济学角度看，高房价的症结并不在暴利，而在供求。根据供求原理，商品供不应求价格上涨，供过于求价格下跌。中国房价一路走高，原因固然很多，但归根到底是房供不足。假如供求平衡，房价绝不会涨上去。想想吧，这些年家用电器和农产品价格为何不大涨？答案是这类产品供应充足。

是的，供应充足的商品，价格不可能持续地涨。可有统计数据说，2017年年底国内住房空置率达21.4%，说明住房并不短缺。既如此，房价怎会只涨不跌呢？高空置率与高房价并存确实令人费解，不过做点调研，也不难明白其中原因。由于目前建房用地受限，开发商一窝蜂地建高端住宅。结果，高端住宅老百姓买不起，而买得起的又没有供给，从市场有效供给看，住房还是供不应求。

值得追问的是，高端住宅过剩而开发商为何不降价呢？原因主要有二：一是普通住宅供不应求，需求拉动房价上涨，高端住宅也就跟着水涨船高。二是消费者买涨不买跌，开发商不敢降价。开发商很清楚，若房价一旦下跌，消费者必持币观望，这对原本过剩的高端住宅无疑是雪上加霜。基于这样的考虑，故开发商宁愿空置，也不肯轻易降价。

房价与地价：房价拉高地价而非地价推高房价

真所谓世事无常。2007年国内房价高企，老百姓因买不起房而怨声载道；可2008年年初房价突然掉头，跌得惨，令开发商苦不堪言。不过到2010年年底，房价又很快超过了2007年的高点，于是人们再次把矛头指向开发商；而开发商却把责任归罪于地方"土地财政"，一时间"土地财政"成了众矢之的。

这里对"土地财政"的是非曲直暂不作评论，让我们先讨论地价与房价是何关系：究竟是地价推高了房价，还是房价拉高了地价？表面上，这问题很有点像"鸡生蛋、蛋生鸡"的关系。不过从经济学角度看，高房价与高地价谁因谁果，倒是可以说清楚，但前提是大家要遵从经济分析的逻辑，不能只看现象而不看实质。

官方数据显示，前些年地方预算外收入中土地出让金几乎占到了一半。而据开发商称，地价占房价的比例也高达 59%，于是开发商说是地价推高了房价。而我却不同意此说法。不错，房子建在土地上，地价高，建房成本会增高。可我们前面分析过，价格是由供求决定而不是由成本决定，地价高未必一定推高房价，不然就解释不了 2008 年开发商成本未变而房价大跌的现象。

2008 年房价大跌，各地城市的地价也跟着跌。我到成都考察过，2007 年成都市郊每亩地价为 300 万—500 万元，而 2008 年下半年下降至 100 万元。究其原因，是房价下跌使土地需求下降。由此见，是下游产品价格决定了上游产品价格。现实中类似的例子很多：钢材降价会导致铁矿石降价；纺织品降价会导致棉麻降价；等等。

要知道，土地相对于住房是上游产品，而住房是下游产品，地价怎可能推高房价呢？想多一层，开发商 2008 年前建成的住房，都是 2007 年之前买的地，地价肯定不低，而 2008

年房价大跌显然不是因为地价低，而是全球金融危机后购房需求下降。再换个角度想，假如有甲、乙两个开发商在同一地段建房，由于购地时间不同，甲的地价只是乙的一半，若乙的房子每平方米卖 2 万元，你认为甲会每平方米只卖 1 万元吗？我认为不会。

如果我们相信供求原理，那么可以推定：只要住房供应短缺，地价无论高低房价都会上涨。而由此引出的政策含义是，平抑房价应增加住房供给而不是打压地价。房供短缺的局面不改变，打压地价只会增加开发商利润，房价不会降。这样看，那种指望打压地价降低房价的想法只是一厢情愿，政府若一旦采纳，则正中开发商下怀；而对消费者是竹篮打水、徒劳无益。

回头再说"土地财政"。人们对"土地财政"多有诟病，然而平心而论，地价升高并非政府有意为之。房地产用地已一律"招拍挂"，地价要由开发商竞价决定。既如此，有人出高价政府怎能卖低价？若政府真的卖低价，你会否怀疑主事官员有猫腻？还有一种批评，说地价飙升是地方政府"捂地惜售"。而我想问的是，若将土地一次性卖掉，将来建房怎么办？到时候地价岂不更高？

房价与炒房：炒房会推高房价而高杠杆会加剧炒房

习近平总书记多次强调：房子是用来住的，不是用来炒的。可国内总有人对炒房乐此不疲,一个重要原因,是因为人们对未来房价看涨,认为炒房有利可图。大家都这样想,结果纷纷投资炒房就真的把房价炒高了。20 年前,北京房价每平方米不过 5000 元,而现在每平方米涨至 10 万元。20 年房价上涨 20 倍,过度炒房怕是难辞其咎。

照理说,任何投资皆有风险,投资炒房也不能例外。可令人奇怪的是,投资炒房为何会推高房价呢?要理解这一现象,我们既要懂得资产定价原理,同时也需弄清楚信贷杠杆与房价之间的内在机理。为方便读者理解,下面让我分别解释。

住房作为投资品价格怎么定?费雪在 1930 年出版的《利息理论》中说,资产价格等于该资产预期收入的贴现。此观点其实是来自《资本论》,马克思在分析土地价格时指出:土地价格 = 土地年租金 / 银行利率。比如某一块土地,年租金 10 万元,而银行利率为 5%,则该土地的价格就是 200 万元,因为 200 万元存银行可得 10 万元利息;而购入土地也可得到 10 万元的租金。

用房产替换土地,道理也一样。即房产价格 = 房产的年租金 / 银行利率。可我们所观察到的事实是,人们用 200 万元投资炒房,收益却比银行存款利息高得多。何以如此?这就带出了我要解释的第二个原因——信贷杠杆。所谓信贷杠杆,是指银行提供的购房贷款。比如你购房需要首付 20%,80% 房款是从银行借,这样你用 200 万元便能购买 1000 万元的房产,杠杆率为 5 倍。假定该房产一年升值到 1100 万元，按利率 5% 支付银行利息 40 万元后，你可净赚 60 万元。

看明白了吗？借助信贷杠杆，房产升值 10%，你用 200 万元便可赚 60 万元，投资利润率为 30%。如此大的诱惑，投资者怎会无动于衷？更为麻烦的是，炒房具有"羊群效应"，只要有人追涨，投资者就会一起追涨，这样势必推高人们对未来房价的预期。根据资产定价原理，当人们预期到未来房价上涨，现期房价就一定会涨。

另外还要指出的是，除了信贷杠杆，房产证券化也会加剧人们炒房。在经济学看来，一项资产被炒作有两个条件：一是资产相对稀缺；二是资产证券化。供应充足的资产炒不起来，而资产未证券化也不容易炒。人们炒股票，因为股票是证券化资产；而人们炒纸黄金，也是黄金相对稀缺而且已经证券化。想问读者，城里的房产有人炒而农村的房产为何没人去炒？答案是农村的房产既不稀缺，也未证券化。

房价与政府：重点应稳定房价而不必打压房价

面对高房价，政府应该怎样应对？目前有两种对立的观点：一是希望政府打压房价；二是主张政府袖手旁观，不要管房价。对房价的不同态度，反映了人们不同的利益诉求。说得明确些：没有买房的希望房价跌；买了房的却希望房价涨。对此我的看法是，政府不必打压房价，但同时应采取措施稳定房价。

政府为何不必打压房价？理由至少有三。

第一，政府无论是否打压房价都会有人反对。有人说，住者有其屋，而要让中低收入者买得起房，政府就应该打压房价。这观点貌似对，但却未必代表所有中低收入者的想法。上面说过，买了房的并不希望房价跌，而事实上目前买了房的并非都是富人，其中不少也是中低收入者，打压房价也会损害这部分中低收入者的利益，这样看，打压房价并非上选之策。

第二，打压房价会扭曲市场信号。有一种观点，说住房事关民生，不是一般的普通商品，价格过高政府就得打压。可经济学认为，不论住房有多特殊，只要不是公共品便是一般商品。而作为商品，价格决定就要服从供求规律。再有，房地产是钢铁、建材等产业的下游产业，打压房产价格，其实也是打压钢铁、建材等产品价格，由此必引起连锁反应，政府当然要谨慎从事。

第三，打压房价可能会引发房贷风险。不要以为房价过高才有人不满；房价大跌的危害会更大。比如某人用100万元首付，向银行贷款200万元买房，要是房价跌一半，300万元的房产缩水为150万元。这样他自己100万元打了水漂，房子抵给银行仅值150万元，结果仍欠银行50万元。倘若他欠银行50万元还不上，类似情况多了就会导致房贷危机。

两害相权取其轻,所以当前政府应立足于稳房价而不是打压房价。所谓稳房价,就是要把房价维持在目前的水平上,既不大涨,也不大跌。近年来政府出台了增加保障性住房供应、限购二套房、降低信贷杠杆率等一系列调控措施,试图通过改变供求调节房价,原则和方向都对,而且已初见成效。我这里要说的是,抑制房产需求应把握好力度,底线是不颠覆市场对未来房价的预期。不然房产收入预期一旦逆转,房价会立即大跌。

绝非是危言耸听,美国 2007 年的次贷危机是前车之鉴。在打压房价的问题上,政府应该慎之又慎。退一步说,即便今天国内的房价有泡沫,政府也不必打压,只要房价不再上涨,假以时日泡沫会不消自退。可以算笔账,若 CPI 每年涨 3%,10 年内社会商品价格会上涨 34%;若房价 10 年不涨,就等于房价相对降低了 34%。这样有房者和银行皆接受,两全其美岂不善哉!

三点重要结论

综合以上分析,可以得出以下结论。

结论一:根据供求决定价格原理,房价并不由成本决定,地价也不可能推高房价。这是说,房价与开发商成本以及土地财政无关。目前国内房价所以偏高,是由于住房供求结构错位、有效供给不足造成的。

结论二：根据资产定价原理，作为投资品的房产价格等于房产未来预期收入的贴现。由于过高的信贷杠杆率与房产证券化加剧了人们炒房，而过度炒房又推高了未来房产的收入预期。未来房产的收入预期上升，所以今天的房产价格也会上涨。

结论三：应对高房价，政府应采取措施稳定房价而不是打压房价。打压房价会引起一系列连锁反应，在当前经济存在下行压力的背景下，此举绝非上策；而稳定房价的关键，是降低购房的信贷杠杆，防止过度炒房，并通过增加有效供给和抑制需求，让房价大致稳定在现在的水平上。

附 录 一

论改革成本

我在本专栏曾发表《改革40年回望》，该文根据自己的所见所闻，对中国改革历程作了粗线条勾画。改革今天已进入攻坚期，未来改革该怎样推进？习近平总书记多次讲"要削减制度性成本"；并强调"要做好为改革付出必要成本的准备"。我理解，改革需从制度成本与改革成本两个角度谋划，是习近平总书记提出的改革方法论。

顾名知义，所谓制度成本不是生产成本，而是交易成本；具体到改革层面，则是指体制运行的交易成本。我们知道，任何一种体制运行都是有成本的。用计划配置资源会产生交易成本，用市场配置资源也会产生交易成本，而一种体制是否需要改革，直接判据就是体制运行成本的高低。中国从计划经济向市场经济转轨，说到底是计划配置资源比市场配置资源的成本高。

马克思早就指出：生产关系和生产力、上层建筑和经济基础要相适应。这是说，若一个国家出现了不可调和的阶级冲突，表明上层建筑已不适应经济基础，此时就应变革社会制度。从体制层面讲，若一个国家体制运行成本过高，表明体制已不适应生产力发展，要降低体制成本，就得进行体制改革。

是的，体制是否改革需看体制成本；而体制怎么改，则要看改革成本。何为改革成本？简单讲是由改革产生的交易成本。改革要变革体制，势必要对现存的利益关系作调整，在有人受益的同时，也难免会有人利益受损。受益者支持改革，受损者却可能反对改革。为了减少改革阻力，就需要去说服、协调、安抚那些利益受损者，而由此产生的交易费用，便形成了改革成本。

应该追问的是，体制怎样改为何要看改革成本呢？对此我们不妨从以往的改革实践中去寻找答案。举世公认，迄今为止中国的改革有三大特征：一是以分领域改革为主，率先从农村突破；二是以渐进式改革为主，分步推进；三是"摸着石头过河"，不断试错。想问读者，我们的前期改革为何会具有上面三大特征？我的看法，这一切皆与改革成本有关。何出此言？让我分别作解释。

在我看来，中国改革率先从农村突破，是因为土地承包的改革成本低。读者想想，将土地承包给农户，农民可以受益而其他人未受损，他人也就没有理由反对。这种无"负外部性"

的改革，经济学称为"帕累托改进"。既然是"帕累托改进"，改革成本当然会低。事实确也如此，从 1979 年到 1982 年，短短三年土地承包就推广到了全国。

再看渐进式改革。中国选择渐进式改革，其实也是因为改革成本。说得明确些，是改革成本太高无力一次支付，只好分期支付。举国企改革的例子。要将国企改造成"自主经营、自负盈亏"的市场主体，那么就得允许企业减员增效，可改革之初我们不仅未建立社保体系，劳动力市场也未开放，企业要是从减员下手，阻力可想而知，改革成本一定会很高。

正是高成本约束，国企改革所以不得不分步推进。现在回头看，当初政府从放权让利起步，先让企业搞承包经营，然后进行公司制改造（建立现代企业制度），再到今天实行"混合所有制改革"，这样一步步深化，不过是在分摊改革成本。由此想多一层，不单是国企改革，诸如价格体制改革、投融资体制改革、外贸体制改革等皆采取渐进方式，归根到底也是为了分摊改革成本。

是的，改革成本高，改革就应该渐进。可改革为何要"摸着石头过河"呢？其中一个重要原因，是某些领域改革成本不仅高，而且还具有不确定性。由于事前无法对改革成本作预估，逼不得已，改革只能边改边试，方向改对了继续改，方向没改对就退回来再作新的尝试。

以政府机构改革为例，2018 年机构改革大获成功，我认为是以往改革反复试错出的结果。早在党的十八大前，我们已经改了7次机构，可令人遗憾的是，每次改革后皆出现了机构越简越臃肿、冗员越减越多的怪象。究其原因，是行政审批权在背后作祟。有鉴于此，十八大后中央釜底抽薪，大手削减行政审批。审批权小了，改革成本也就低了，于是才有了本次机构改革的完胜。

写到这里，读者应该明白以往改革为何会有三大特征。事实上，对习近平总书记关于全面深化改革的思想，也可从体制成本与改革成本的角度去领会。如果说以往改革主要是分领域、渐进式和"摸着石头过河"，而全面深化改革则主要是突出系统性和顶层设计。分领域改革"八仙过海"，改革往往不平衡，从而导致体制出现短板。而全面深化改革就是要补短板，以进一步削减体制成本。

再从改革成本角度看，经过多年分领域改革，那些容易改、好改的都改了，现在剩下的是难啃的硬骨头。随着改革难度加大，改革成本升高，部门改革动力在递减，甚至有部门已不愿再改。然而问题在于，若不打通改革"最后一公里"，整个改革就有可能前功尽弃。正因如此，习近平总书记强调要做好为改革付出必要成本的准备。

最后来说顶层设计。全面深化改革是系统、协同性改革，改革要系统、协同，当然离不开顶层设计。不过读者要注意，顶层设计并不排斥基层试验，前提是要把握好顶层设计与基层试验的边界。两者的边界何在？总的原则是：但凡不存在负外部性的改革，应鼓励基层试验；而具有负外部性的改革，则必须由中央顶层设计。

稳增长从何处发力

稳增长从何处发力？这问题我们其实已经知道了答案。有目共睹，2015 年年底习近平总书记提出供给侧结构性改革以来，政府推出的经济举措皆是从供给侧发力。可近来有一种声音，说当前防止经济下行政府应重点扩需求。扩需求有必要，但却不能动摇供给侧改革。我写这篇文章，就是想向读者解释稳增长为何要立足于供给侧。

一国经济持续稳定增长，总供给与总需求必须平衡，此乃经济学基本原理，无须质疑也无可质疑。19 世纪初，法国经济学家萨伊提出了供给自动创造需求（即萨伊定律）。其言下之意，是说市场经济不会有普遍生产过剩，保持经济平衡的重点在供给侧。然而不幸的是，20 世纪 30 年代西方经济出现大危机，平均失业率达 25％以上，于是萨伊定律不攻自破，凯恩斯主义应运而生。

读者对凯恩斯应该不陌生，其代表作是《就业利息和货币通论》，此书于 1936 年出版后，旋即掀起了一场所谓的"凯恩斯革命"。《通论》有三个重要观点：总供给与总需求不能自动平衡（否定"萨伊定律"）；普遍失业是社会有效需求不足所致；扩大就业需国家干预，政府要用扩张性财政政策刺激投资与消费。

很明显，凯恩斯理论的立足点在需求侧。后来有学者对凯恩斯理论又作了进一步拓展。推理逻辑是：从居民与企业两部门看：供给侧国民收入＝储蓄＋消费；需求侧国民收入＝投资＋消费。这样，总供给与总需求要平衡，则储蓄必须等于投资。若储蓄不能全部转化为投资，则总供给大于总需求，生产会过剩，这样就需要政府增加公共支出；若仍不足以令总供求平衡，那么就得扩大出口。

不知读者怎么看，我可不赞成上面的推论。关键一点，凯恩斯讲的供求平衡只是总量平衡。事实上，供求平衡不仅要求总量平衡，同时也要求结构平衡。如马克思当年在《资本论》中分析社会总资本再生产时，就将社会再生产分为生产资料再生产与消费资料再生产两大类，并明确提出要实现"价值补偿"与"实物补偿"两个平衡。其中价值补偿是总量平衡；而实物补偿则是结构平衡。

是的，就稳增长而言，结构平衡比总量平衡更重要。结构平衡有助于推动总量平衡，而总量平衡却不能保证结构平衡。何以如此？我们不妨也用国民收入决定模型作分析。凯恩斯说，若只考虑居民与企业两个部门，供求平衡的条件是储蓄等于投资。而对此我想问的是，假若结构性原因已造成生产过剩，将储蓄转化为投资岂非百上加斤？

有学者解释，若将两部门扩展为政府、企业、居民三部门，此问题不难解决，比如可通过增加政府支出扩大需求、消化过剩。我不同意此解释。政府支出不是无源之水，同时要受政府收入约束。在既定条件下，政府想增加收入，办法无非是加税或者发债，可无论政府加税还是发债，都势必挤占企业投资。政府投资需求增加而企业投资需求减少，社会总需求未必会增加。

再有一种观点，说扩大出口可转移国内过剩。显然，这是将三部门扩展到了四部门（即增加进出口部门）。不错，国内商品过剩可以出口，但出口却不可能扩大内需。要知道，在国际分工条件下，一个国家出口的目的是为了进口，并通过进出口贸易分享国际分工的收益。若只出口不进口，或者多出口少进口，该国不仅不能分享国际分工收益；而且还可能引发贸易摩擦。

由此看，一个国家稳增长，重点在结构平衡；而解决结构问题，着力点是在供给侧。事实最有说服力。1933 年罗斯福率先在美国推行新政，之后其他西方国家也跟着效仿，并将凯恩斯主义奉为国策。可结果呢？到 20 世纪 70 年代前后这些国家纷纷陷入了"滞胀",而且无一幸免。

西方国家陷入"滞胀",凯恩斯学派的地位一落千丈。墙倒众人推。以弗里德曼为代表的货币学派宣称,要对"凯恩斯革命"再革命;以卢卡斯为代表的理性预期学派断言,政府刺激投资对稳定经济无效;供给学派强调,政府应从扩需求转向供给侧减税。是的,面对结构性矛盾仅扩需求于事无补。从这个角度看,凯恩斯主义确实已经失灵。

既然凯恩斯主义失灵,那么能否用供给学派解决结构问题呢?前文说过了,供给学派的理论主张是减税。1981年里根当选总统后,曾根据供给学派的理论大幅削减政府开支,降低个人所得税和企业所得税,此举虽降低了企业成本,也一度推动了经济复苏,可最终并未解决结构性矛盾,相反还进一步加剧了结构失衡。时至今日,制造业萎缩、产业空心化仍是美国的一大心病。

有鉴于此,习近平总书记提出了解决结构问题的中国方案:供给侧结构性改革。顾名思义,供给侧结构性改革有三个关键词,一是结构性,即重点是解决结构问题;二是供给侧,即改革从供给侧发力;三是改革,即主要用市场机制解决结构问题。可见,供给侧结构性改革既不同于凯恩斯学派,也不同于供给学派。

最后说几句题外话。研究经济学数十年,总觉得我们过去只是学习借鉴国外经济理论而自己缺少理论原创。近几年赴欧美作学术访问，大家公认"供给侧结构性改革"是一项重大的理论创新，不仅是稳增长的中国方案，也是解决结构问题的全球方案。对此评论读者有何感想呢？

关于贸易摩擦的冷思考

自 2018 年以来，美国不断制造贸易摩擦，中国坚决反击，两国经贸前景引起全球关注。2019 年 6 月底，习近平总书记与特朗普总统在大阪会晤，再次打破僵局：美国表示不再对中国加征新关税，并且双方同意重启经贸磋商。最后会磋商出什么结果尚未可知，不过无论结果如何，我们都有必要对以下 10 个问题进行冷静思考。

一、关于生产目的。1978 年国内理论界曾开展社会主义生产目的大讨论，通过讨论大家形成了共识：发展社会主义生产，目的是满足人民群众日益增长的物质文化需要。在党的十九大报告中，习近平总书记提出坚持以人民为中心的发展思想。坚持以人民为中心发展经济，当然不能为生产而生产，也不能为出口而生产。美国发动贸易摩擦提醒我们，企业生产应立足优先满足国内消费者需要。

二、关于鼓励出口。出口的目的是为了进口，无须进口也就无须出口。可时下有一流行观点，说出口是为了转移国内过剩，用外需弥补内需不足。这看法显然是不对的。马克思说过，商品是用于交换的产品。用于交换的产品当然要能满足他人需要，但满足他人需要的产品未必就是过剩产品。而且经济学证明，一个国家只有进出口平衡，才能对等分享国际分工收益。请问，如果进出口保持平衡，怎可能用外需弥补内需不足呢？

三、关于贸易顺差。一国出口大于进口，贸易会出现顺差。人们通常以为中国对美贸易有顺差是好事，且多多益善。实则不然，中国对美贸易顺差表示国内资源净流出增加，外汇储备增加。可是要知道，外汇不过是美国开具给我们的借条，相当于我们将商品赊销给了美国。美国享受了我们价廉物美的商品，而我们却未对等享受美国的商品。这样看，贸易顺差并非越大越好。

四、关于关税壁垒。关税作为价外税由进口方承担，也就是说，美国征收高关税在限制中国出口的同时，也会增加美国国内的生产成本或消费成本。可见，高关税本身是一把双刃剑，一个国家不可能用高关税保护本国产业，也不可能用高关税维持贸易平衡，古今中外没有一个成功的先例。由此推定，美国加征关税只是向中国要价的筹码，他们不可能长期维持高关税。面对美国施压，我们必须反制，否则对方会得寸进尺。

五、关于非关税壁垒。前些年美国为了围堵中国经济一直逼人民币升值，而近年来又不断加征关税，同时限制高科技产品出口给中国。亚当·斯密当年论证过：自由贸易是国际分工的前提。意思是：如果国际贸易不自由，国家间就不能按各自优势分工。由此推论：假若美国限制高科技产品对中国出口，我们就不能拘泥于国际分工原理，应变被动为主动，坚持自主创新。核心技术不能完全靠进口，这也是贸易摩擦带给我们的启示。

六、关于国际收支平衡。国际收支包括贸易、资本、外储等三个项目，贸易只是其中之一。可见国际收支平衡并不等于贸易一定要平衡；而且今天已进入经济全球化时代，对外贸易已不单是双边贸易，更多的是多边贸易，故贸易平衡也不等于双边贸易要平衡。美国以"贸易平衡"为借口挑起贸易争端，显然是醉翁之意不在酒，为此我们要调整出口导向战略，转变发展方式，着力提振国内消费。

七、关于美国优先和美元霸权。美国发动贸易争端，说到底是要维护美国优先和美元霸权。20世纪80年代初日本经济崛起，日元挑战美元，结果在美国操纵下一纸"广场协议"将日元打入冷宫；后来欧元与美元抗衡，2009年却遭遇主权债务危机，至今也一蹶不振。2010年中国已成为全球第二大经济体，美国自然要把中国当成对手。日本是前车之鉴，我们必须保持人民币币值稳定，防止重蹈日本覆辙。

八、关于扩大对外开放。我国对外开放不能受美国发动贸易争端的影响。从开放效果看，扩大资本开放和扩大对外贸易没有本质区别。事实上，引进外资也是出口，只是卖给外国企业的商品未离开国境；对外投资也是进口，不过是未将外国商品买进国境。在当前贸易保护主义盛行的背景下，为避开贸易壁垒，我们应以"一带一路"建设为依托，进一步加大对外投资和引进外资，推动形成海陆内外联动，东西双向互济的开放新格局。

九、关于稳中求进工作总基调。针对美国极限施压，习近平总书记强调最重要的还是做好我们自己的事情。贯彻中央稳中求进工作总基调，必须进一步稳就业、稳金融、稳外贸、稳外资、稳投资、稳预期，其中关键的是稳就业。而要优先稳就业，必须坚持以供给侧结构性改革为主线，用改革的办法加快完善资源配置的体制机制，让供给结构适应需求结构变化，不断释放国内需求潜力。

十、关于中美经贸前景。中美两国经济具有很强的互补性，谁也离不开谁。习近平总书记讲，中美两国合则两利，斗则俱伤。从长远看，中美经贸合作是必然的，也是大势；但也不排除美国今后仍会制造出各种麻烦。中国是人口大国，经济韧性强，回旋余地大，而且有党中央的坚强领导和社会主义体制优势，只要美国挑衅，我们就奉陪，打持久战中国一定是赢家。

"东北大米"现象解析

我家乡在洞庭湖平原，从小吃南方大米长大，30年前来北京便改吃东北大米了。实话实说，与东北大米比，南方大米无论品质还是口感皆稍逊一筹。以研究经济为职业，原以为东北大米会比南方大米卖得好，可不久前赴黑龙江调研，听858农场干部职工反映，东北大米卖到南方不仅优质不能优价，就连销售也很困难。

是令人费解的现象。到底是怎么回事？农场一位销售人员给我的解释是：南方水稻一年种两季，产量相对高；东北水稻一年种一季，品质好但产量低，价格相对要高一些。正因为价格高，国家粮库一般不收储东北大米；而南方消费者也嫌东北大米价格高，购买者不多。他算了一笔账，四川大米在成都价格4元/斤，东北大米在成都卖5元/斤，即便有人买，扣除每斤1元运费，也体现不出优质优价。

读者听明白了吗？东北大米不能优质优价，是因为国家粮库和消费者都不愿多花钱买米。骤然听似乎不无道理，然而深想却有疑惑：国家粮库不买高价米好理解，因为储备粮日后要当陈米卖。可消费者怎会也不买高价米呢？据我所知，泰国"茉莉香米"10元/斤，价格高出东北大米一倍却在成都卖得好，此为何故？

对我提出的疑问，农场的张副书记作了如下解答。他说：泰国香米畅销南方市场，原因是香米特征明显，同时还有进口证和专业认证，人们容易识别；而东北大米与南方大米的样子差不多，东北人自己认得出，南方人却很难分得清。消费者担心买到假货，所以宁肯低价购买当地米而也不愿多花钱买东北大米。一语道破，东北大米在南方市场销售不畅，原来是买卖双方信息不对称。

于是让我想到了经济学讲的"逆选择"。我们知道，市场竞争的结果是优胜劣汰，可有时也会出现劣胜优汰。以二手自行车买卖为例。在"二手车"市场，卖家若将所有旧车都刷上油漆，买家会怎样出价？买家看不出车的新旧程度，当然会尽量压低出价。若买家压低出价，而卖家却对车的新旧程度了如指掌，那么就会将最旧的车先卖出，这样市场也就出现了"逆选择"。

从信息不对称的角度看，大米市场与"二手车"市场确有相似之处。大米不仅存在品质差异，而且新米也不同于陈米。

由于消费者对大米的差异无法识别，为了避免中计，他们不得不将价格锁定在自己认为合理的水平上。可卖家总比买家精，对卖家来说，既然大米优质不能优价，当然也不会将优质大米卖给消费者。

目前国内大米市场的现实，正好印证了上面的推断。听农场的同志讲，前几年东北大米本来已有几个不错的品牌，由于优质不能优价，有的粮商便将东北大米中掺入南方大米，或者用陈米冒充新米卖。几年下来，消费者并不认为东北大米好过南方大米。结果呢？不仅把品牌卖倒了，而且还让东北大米陷入了"价格越低，供给品质越差；供给品质越差，价格越低"的怪圈。

这样的结果令人尴尬，也令人遗憾。不过事已至此，当务之急是要研究如何亡羊补牢？让我们再次回到"二手车"市场，经济学说："二手车"市场之所以出现逆选择，原因是信息不对称。反过来理解：若要避免市场出现逆选择，必须让买卖双方之间信息对称。此推论在逻辑上肯定没有错；问题是在操作层面很难做到，即便能做到，所付出的交易成本（信息费用）也会非常高。

举例说吧。为了让市场信息对称，人们通常想到的是请权威机构（专家）给大米作鉴定，并将鉴定结果公之于众。我不否认这样做有助大米市场的信息对称，可同时也会带来两大难题：一是请权威机构（专家）作鉴定需支付相应的费用；二是权威机构作鉴定并不能保证粮商不再偷梁换柱，最终还是难以避免"逆选择"。

说我的观点："逆选择"起因于信息不对称，但关键却在价格锁定。我在本专栏曾撰文讨论过格雷欣定律，大多学者认为，"劣币驱逐良币"是人们关于金银货币磨损的信息不对称，其实不然，金银货币的磨损程度明眼人一看便知。货币市场出现逆选择，真实原因是货币磨损而法定价格不变。既然劣币与良币的价格（购买力）相同，劣币当然会充斥市场，良币会被储藏，退出流通。

同理，国内大米出现逆选择，归根到底也是价格锁定。大米品质不同，价格一旦被消费者锁定，粮商则别无选择，也会先卖出质量相对差的大米。由此看，要改变市场"逆选择"，就必须打破价格锁定。对价格解锁经济学提出过两个办法：一是商品按质定价。比如将东北大米按品质分为甲、乙两等，甲等定价7元/斤；乙等定价5元/斤，由消费者自主选购，这样价格锁定即可解开。

价格解锁的另一方法，是"价格歧视"。读者不要望文生义，价格歧视没有贬义，是指对同一产品按不同需求定价。显然，价格歧视不同于按质定价：飞机头等舱与经济舱票价不同是按质定价；同一驾飞机的经济舱，白天航班与红眼航班票价不同则为价格歧视。也许有人问，同一产品为何可以定价不同？答案是消费者需求不同。同一本书，精装本比简装本价格高 30%，并不是精装本的成本高 30%，而是有人愿出高价买精装书。

留心观察，现实中人们收入不同，需求层次确实存在差别。一般地讲，低收入者追求经济实惠，高收入者追求消费品质。正因为人们需求层次不同，卖方才有可能实行"价格歧视"。这里要指出的是，价格歧视虽不同于按质定价，但两者却可以结合进行。前面在讨论按质定价时我将东北大米分为甲、乙两等，甲等定价 7 元 / 斤；乙等定价 5 元 / 斤。若引入价格歧视，价差可拉得更大些：比如可将甲等提至 10 元 / 斤；乙等可降至 4 元 / 斤。

当然这只是卖方定价，价格高低最后还要看买方能否接受。不过有一点可以明确：卖方若希望优质优价，就得主动采取差别定价，若自己不拉开价格差，价格就会被消费者锁定。价格一旦被锁定，市场将不可避免会出现"逆选择"。经济规律即如此，我们谁也无法抗拒，更无法改变。

从供求规律看"合成谬误"

经济学家研究发现，现实生活中存在大量事与愿违的现象：从局部看人们的某种行为是对的，而加总起来的结果却是错的。萨缪尔逊称此现象为"合成谬误"。无独有偶，奥尔森在 1963 年出版的《集体行动的逻辑》一书中也提出过类似判断："个人理性行为往往无法产生集体理性的结果"，此判断学界简称"奥尔森困境"。

毋庸置疑，"合成谬误"的确存在。美国学者哈丁提出的"公地悲剧"便是典型的例子：假设有一牧场，对某个牧民来说，养羊越多赚钱会越多；可当所有牧民都争着多养羊，结果却导致草场退化，最后谁也无法养羊。再比如从单个农场主看，粮食增产可以增收，但若全球粮食都增产，粮食供过于求导致粮价下跌，结果增产反而不增收。

这样的例子多，举不胜举。而我写这篇文章是要讨论两个问题：第一，应该怎样看待"合成谬误"？第二，"合成谬误"应该怎样处理才对？我的观点，"合成谬误"并非错误，而是供求规律作用的必然结果。或者说，"合成谬误"本身就是经济规律，规律只能利用、不能改变。

我曾说过，对经济学的概念不可望文生义。比如"价格歧视"一词并无贬义，却容易让人想到"不公平对待"；"合成谬误"也是如此，明明是经济规律，却让人以为是某种需要纠正的错误。说来也难怪，萨缪尔逊当年提出"合成谬误"，目的是要证明市场失灵，因为市场失灵，所以需要政府干预。今天的凯恩斯主义者力主国家干预，正是基于"合成谬误"的假设。

可应当追问的是，"合成谬误"真会导致市场失灵吗？我认为不会；相反，"合成谬误"恰恰证明了市场有效。读者不要误会，我这样讲并非否认市场有可能失灵，在国家安全、社会公正、公共服务等领域，市场确实会失灵，但不能说"合成谬误"也是市场失灵。道理很简单，若不存在"合成谬误"，供求规律就无法起作用。

经济学讲得清楚，供求规律有两层含义：一是供求决定价格；二是价格调节供求。举个例子：某纺织厂为了追求利润扩大生产，而若所有纺织厂都扩大生产，产品一旦供过于求，价格就会下跌，企业会减少生产；若企业都减少生产，产品慢慢供不应求，价格就会上升，于是企业会增加生产。显然，这个过程正是市场（价格机制）引导资源配置的过程，怎能说是市场失灵呢？

据我所知，人们将"合成谬误"视为市场失灵，理由是产品过剩会造成资源浪费。这种看法其实是一种误解。不错，产品长期滞销压库是资源浪费，但却与"合成谬误"无关。经济学说，价格若由市场供求决定，产品供过于求价格会下降，只要价格足够低，最后市场必能出清。由此推理，如果某个企业产品长期积压造成了资源浪费，那么一定是未按供求规律定价。

转谈第二个问题吧。"合成谬误"应该怎样处理？事实上，"合成谬误"可分为市场主导与政府主导两种类型。上面我们提到的"公地悲剧"与纺织品供过于求，显然是属于第一种类型。对市场型"合成谬误"，我认为应交给市场调节，政府只需做三件事：一是界定产权，二是让企业自负盈亏，三是照顾低收入者。只要做到这三条，其他政府不用管。

设想一下，牧民在草场养羊，假若草场产权有明确界定，你认为会发生"公地悲剧"吗？当然不会。再有，纺织品供过于求，若企业是自负盈亏的市场主体，纺织品会降价吗？当然会降价。然而令人奇怪的是，前些年国内有些企业产品大量压库却不降价，甚至成为"僵尸企业"也不关门，你道为什么？经济学的解释，是此类企业并非真正的市场主体，背后有政府财政给补贴。

  对政府主导类型"合成谬误"的处理，关键是要合理确定政府作用的边界。前面说过，在国家安全、社会公平、公共服务等领域市场会失灵，政府在以上领域就要主动发挥作用。如某地发生地震灾害，食品、服装、帐篷等会严重短缺，若由市场自发调节，价格飙升会危及社会稳定。在此情况下，政府不仅可通过行政调拨增加供应，对价格也可直接管制。

  这是一方面。但同时要指出的是，政府调节也可能导致"合成谬误"。有前车之鉴，20 世纪末国内一度出现卖粮难，为避免谷贱伤农，当时就有地方政府出面调结构：有的要求农民将耕地改为水塘养鱼；有的则要求农民大面积种蔬菜，结果鱼和蔬菜严重供过于求，令价格大跌。有农民抱怨说：政府调结构是"你调我调大家调，调来调去卖不掉"。

  问题就在这里，既然政府调节也存在"合成谬误"，我们怎能靠政府去纠正市场"合成谬误"呢？从逻辑上讲，政府主导调结构至少应具备三个前提：政府要能提前预知未来怎样的结构是合理结构；政府官员要比企业家更懂市场；行政手段要比市场手段更有效。可现实中这三个前提并不成立，这样就决定了政府不宜主导调结构。

  综上分析，本文的结论是：市场主导型"合成谬误"并不是失误，而是经济规律。规律不可能改变，即便要照顾穷人，政府也只能利用规律，而不能违背规律。以猪肉为例：时下猪肉供给短缺，肉价上涨，若肉价过高影响到了民生，政府可补贴低收入者，但不能管控肉价。要记住：价格是市场调节供求的信号，信号扭曲会加剧供求失衡。

附 录 二

构建中国特色社会主义政治经济学的思考
关于用学术讲政治的几个问题

构建中国特色社会主义政治经济学的思考

习近平总书记在 2016 年 7 月 8 日召开的经济形势专家座谈会上强调："坚持和发展中国特色社会主义政治经济学"，要"推进充分体现中国特色、中国风格、中国气派的经济学科建设。"怎样构建中国特色社会主义政治经济学？我认为深入学习领会习近平新时代中国特色社会主义经济思想，对构建中国特色社会主义政治经济学具有重大的指导意义。

习近平"坚持以人民为中心的发展思想"为构建中国特色社会主义政治经济学确立了主线

"立足我国国情和我国发展实践发展当代中国马克思主义政治经济学"，是习近平总书记对广大经济理论工作者提出的期望。构建中国特色社会主义政治经济学，首先要解决的问题就是怎样确定这门学科的主线。主线不明确，学科的框架体系也就无法建立。中国特色社会主义政治经济学的主线是什么呢？研读党的十九大报告，习近平总书记提出的"坚持以人民为中心"的思想就是中国特色社会主义政治经济学的主线。

对构建社会主义政治经济学的探索，最早是从苏联开始的。1951年，苏联召开评定《政治经济学教科书》（未定稿）的讨论会，作为这次讨论的总结，斯大林于1952年撰写出版了《苏联社会主义经济问题》。应该说，国内学界对社会主义政治经济学的认识，最初就是来自苏联的《政治经济学教科书》与斯大林的这本小册子。改革开放后，国内经济学界也编写过不同版本的《政治经济学（社会主义部分）》教材。总体说，无论是苏联的教科书还是国内编写的教科书，对构建社会主义政治经济学的主线并未形成一致的认识。

确立社会主义政治经济学的主线，要从政治经济学的学科性质入手。政治经济学不同于今天的西方经济学。马克思在《资本论》"序言"中说："我要在本书研究的，是资本主义生产方式以及和它相适应的生产关系和交换关系"，并指出"政治经济学不是工艺学"；列宁也说："政治经济学决不是研究'生产'，而是研究人们在生产上的社会关系，生产的社会制度。"资本主义的生产关系是阶级关系，所以政治经济学要有阶级性或政治立场。18世纪末，一批西方学者抽象掉阶级性而研究纯经济现象，如瓦尔拉斯的《纯粹经济学要义》、马歇尔的《经济学原理》等在名称上就试图把经济学与政治经济学分开。他们这样做，目的是要证明经济学可以没有阶级性或政治立场，可以像自然科学一样成为纯科学。当然这只是自欺欺人，西方经济学其实也是有自己的阶级立场的。

古典政治经济学研究的是生产关系，而且也有阶级立场。17世纪中叶以后，资本主义工场手工业逐渐发展成为工业生产的主要形式，资产阶级为了同封建势力作斗争，必然要求从理论上说明资本主义生产、分配的规律，论证资本主义生产的优越性，于是古典政治经济学应运而生。由于当时的社会矛盾主要体现为资产阶级与地主阶级的矛盾，古典政治经济学的立场明显站在资产阶级一边。马克思主义政治经济学批判地继承了古典政治经济学，然而马克思的立场与古典政治经济学不同，马克思坚定地站在工人阶级立场上，他关心的是资本主义条件下人类的生存状况，研究的是物掩盖下资本家与工人之间的关系，目的是揭示"两个必然"，实现人类的自由解放。

前面说，苏联较早地开始了对社会主义政治经济学的探索，苏联的《政治经济学教科书》虽也强调研究社会主义生产关系，而且斯大林也批评了雅罗申柯"为生产而生产"的观点，但却未提出社会主义政治经济学的主线。该教科书确立的社会主义经济范式，是"公有制＋计划经济＋按劳分配"。斯大林在《苏联社会主义经济问题》中虽然也提出在全民所有制和集体所有制并存的条件下仍有必要保留商品生产；但他只承认消费品是商品，不承认生产资料是商品；只承认价值规律在一定范围内对商品流通有"调节"作用。他认为资本主义制度下竞争和生产都是无政府状态，而社会主义制度下国民经济可以有计划按比例发展。1959—1960 年毛泽东同志研读苏联《政治经济学教科书》后，批评该书脱离实际，有严重错误，有的观点脱离了马克思主义。

由此可见，构建中国特色社会主义政治经济学不能复制苏联的教科书。党的十一届三中全会以来，我们党坚持把马克思主义政治经济学基本原理同改革开放的实践相结合，形成了中国特色社会主义经济理论。1984 年 10 月，《中共中央关于经济体制改革的决定》通过后，邓小平同志评价说："我说我的印象是写出了一个政治经济学的初稿，是马克思主义基本原理和中国社会主义实践相结合的政治经济学。"党的十八大后，习近平总书记在主持中央政治局第二十八次集体学习时指出，既要坚持马克思主义政治经济学的基本原理和方法论，更要同我国经济发展实际相结合，不断形成新的理论成果。

习近平总书记的重要讲话，为我们寻找中国特色社会主义政治经济学的主线提供了指引，这就是：当代中国的政治经济学不仅要研究社会主义生产关系，而且要体现中国特色。概括起来讲，中国特色社会主义就是"中国共产党领导＋公有制为主体＋市场经济＋共同富裕"的社会主义；而中国特色社会主义政治经济学，则是"中国版"的马克思主义政治经济学。既如此，我们建设中国特色社会主义政治经济学就必须坚持马克思主义的立场。

什么是马克思主义的立场？马克思主义立场当然是人民立场。1848 年马克思、恩格斯在《共产党宣言》中宣告："过去的一切运动都是少数人的或者为少数人谋利益的运动。无产阶级的运动是绝大多数人的、为绝大多数人谋利益的独立的运动。"马克思主义政治经济学代表作《资本论》从商品的二因素和劳动二重性出发，运用劳动价值理论，分析资本主义生产、交换、分配过程，揭示剩余价值的秘密，阐明了无产阶级受剥削、受压迫的经济根源。正如列宁所说："只有马克思的经济理论，才阐明了无产阶级在整个资本主义制度中的真正地位。"

习近平总书记曾明确讲："要坚持以人民为中心的发展思想，这是马克思主义政治经济学的根本立场。"立场决定主线，这样"坚持以人民为中心"就理所当然要成为中国特色社会主义政治经济学的主线。新中国成立后，经过社会主义改造，无产阶级与资产阶级作为两个对立阶级已不存在；特别是党的十一届三中全会以后，党的工作重点转移到经济建设上来，今天中国共产党所要代表的是全国最广大人民的根本利益，所寻求的是全国人民利益的最大公约数。对此马克思曾有明确论述。马克思说，未来理想的社会是一个自由人联合体，"在那里，每个人的自由发展是一切人的自由发展的条件。"

这里有个问题要澄清，有人说西方福利经济学也主张照顾穷人，并提出过"收入均等化"原理，福利经济学是否也体现了以人民为中心的发展思想？我的观点，福利经济学的"收入均等化"与习近平总书记提出的"坚持以人民为中心"是根本不同的两回事。20 世纪初，资本主义社会由于贫富差距越来越大，阶级矛盾日益尖锐，英国经济学家庇古站在维护资产阶级统治的立场才创立了福利经济学，其出发点并不是为人民争取利益，而是为了缓解阶级对立，维护资产阶级的统治。

习近平总书记提出坚持以人民为中心的发展思想，是由我们党的性质和社会主义的本质决定的。从党的十八大到党的十九大，习近平总书记不断丰富和发展以人民为中心的发展思想。他指出："实现中国梦，归根到底是人民的梦"。在党的十九大报告中，习近平总书记指出："必须坚持人民主体地位，坚持立党为公、执政为民，践行全心全意为人民服务的根本宗旨，把党的群众路线贯彻到治国理政全部活动之中，把人民对美好生活的向往作为奋斗目标，依靠人民创造历史伟业。"这一系列论述延续了我们党一脉相承的政治主张，是推动改革发展稳定的根本出发点与落脚点，同时也为构建"中国版"的政治经济学确立了主线。

习近平提出的"新发展理念"为构建中国特色社会主义政治经济学提供了理论框架

坚持以人民为中心的发展思想，具体体现就是五大新发展理念。习近平总书记在党的十九大报告指出："发展必须是科学发展，必须坚定不移贯彻创新、协调、绿色、开放、共享的发展理念。"并强调要"贯彻新发展理念，建设现代化经济体系。"我体会，新发展理念不仅是建设现代化强国的总引领，同时也可作为我们构建中国特色社会主义政治经济学的理论框架。

迄今为止，国内编写的《政治经济学（社会主义部分）》教材，大多是按马克思经济学手稿提出的生产、交换、分配、消费等四个环节为框架展开，而有的则是借鉴西方经济学的框架。用马克思分析资本主义经济的框架分析社会主义经济，难免生搬硬套。如《资本论》中反映资本主义生产关系的基本范畴"资本"、"剩余价值"等，在"社会主义政治经济学"中就变成了"资金"与"剩余劳动"，这样处理在理论界曾引起不少争议。有学者质疑：社会主义初级阶段难道不存在资本？剩余劳动的价值形态不就是剩余价值吗？当然，用西方经济学的框架写社会主义政治经济学教材更是牵强附会、牛头不对马嘴。

用新发展理念作为构建中国特色社会主义政治经济学的理

论框架，理由是：第一，新发展理念是习近平总书记根据我国经济发展实践总结提炼出的规律性成果，是将实践经验上升为系统化的经济学说；第二，五大发展理念是一个完整的逻辑体系，其中创新发展是动力，协调发展是原则，绿色发展是方式，开放发展是路径，共享发展是目的。我们如果把发展经济比作做蛋糕，也可以这样理解：创新发展是解决怎样将蛋糕做大；协调发展、绿色发展、开放发展是解决怎样不断提升蛋糕的质量，把蛋糕做好；而共享发展则是解决怎样分蛋糕的问题。

中国特色社会主义政治经济学阐释新发展理念，我认为应紧紧扣住以下重点。

关于创新发展。改革开放以来，我国经济发展取得了举世瞩目的成就，经济总量已跃居世界第二，但同时必须清醒地看到，我国经济规模大而不强，经济增速快而不优，主要依靠投资驱动，这种传统的驱动方式已不可持续，必须转向创新发展。如何实施创新发展？习近平总书记提出了科技创新与体制机制创新"两个轮子共同转动"的思想，即既要通过体制机制创新推动科技创新；又要通过科技创新带动体制机制创新。为此我们的政治经济学必须研究体制机制背后的生产关系，为体制机制创新提供有力的理论支撑。比如我们应建立什么样的科技投入体制与科技成果转化体制，就是政治经济学要回答的重大课题。

　　关于协调发展。过去很长一个时期，我们认为社会主义代替资本主义后，经济就能克服生产的盲目状态，可实行有计划按比例发展，既不会出现生产过剩，也不会出现供给短缺。可是实践证明，我们社会主义经济仍存在发展不协调的问题。改革开放前，经济不协调主要表现为供给短缺，匈牙利经济学家科尔内就曾用"短缺经济"概括计划经济的特征。同时我们也存在结构性问题，1956 年，毛泽东同志在《论十大关系》中提出要处理好农轻重、沿海与内地、经济建设与国防建设等关系，说明那时候结构问题已经显现，而所谓"三大差别"（城乡差别、工农差别、地区差别）就是当时结构不协调的反映。

　　改革开放以后，我国经济又出现新的不协调，主要表现是供给过剩与需求不足，而更突出的是结构性问题。2015 年年底中央提出"去产能、去库存、去杠杆、降成本、补短板"，就是要解决当前存在的结构问题。既然社会主义市场经济也存在经济不协调，那么研究协调发展就是中国特色社会主义政治经济学的题中之义。习近平总书记强调，必须"着力提高发展的协调性和平衡性"，"要城乡协调、地区协调"；要"实现经济发展和人口、资源、环境相协调"；要"实现工业化和资源、环境、生态的协调发展"。

　　关于绿色发展。绿色发展也涉及生产关系与利益关系的调整，当然是中国特色社会主义政治经济学的重要组成部分。众所周知，欧美国家曾走过一条"先污染后治理"的路，中国作为一个发展中大国，面临资源约束趋紧、环境污染严重、生态系统退化的严峻形势，走欧美国家的老路肯定行不通。有鉴于此，习近平总书记在党的十九大报告中指出："建设生态文明是中华民族永续发展的千年大计。"并强调"必须树立和践行绿水青山就是金山银山的理念，坚持节约资源和保护环境的基本国策，像对待生命一样对待生态环境"。

早在150多年前马克思就曾发出警告，要解决全球性的生态危机，人类要"一天天地学会更正确地理解自然规律，学会认识我们对自然界的习常过程所做的干预所引起的较近或较远的后果"。习近平总书记当年在浙江工作时就指出："绿水青山就是金山银山"。后来他又多次讲："我们既要绿水青山，也要金山银山。宁要绿水青山，不要金山银山，而且绿水青山就是金山银山。"那么中国特色社会主义政治经济学就要研究，生产方式需要怎样调整才能将绿水青山变为金山银山。

关于开放发展。传统观点认为，发达资本主义国家对外输出资本与商品，是向发展中国家转移生产过剩；而社会主义国家对外开放，实质是受发达国家的剥削。此看法曾一度成为国内《政治经济学》教材的主导观点。习近平总书记指出，要"坚持对外开放基本国策，坚定不移奉行互利共赢的开放战略"。这一论断，是基于对我国历史经验教训的深刻反思。汉朝的"丝绸之路"，唐朝的"开元盛世"，宋朝的"海上神舟"，显示了当时对外贸易的繁荣。而到了明末清初，中国开始实行"闭关锁国"，经济也就渐渐落后了。新中国成立后，特别是 1978 年开始改革开放，到 2010 年我国就已成为全球第二大经济体。实践证明，以开放促发展是我们取得成功的基本经验。

中国特色社会主义政治经济学研究开放发展，既要揭示经济全球化的一般规律，又要重点回答我们作为社会主义国家怎样参与经济全球化？怎样发挥我们的制度优势开展与世界上不同国家的经济合作与竞争？习近平总书记在党的十九大报告中提出，"坚持引进来和走出去并重，遵循共商共建共享原则，加强创新能力开放合作，形成陆海内外联动、东西双向互济的开放格局"，"加快培育国际经济合作和竞争新优势"。如何实现这一目标，我们的政治经济学要在理论上作出阐释与论证。

关于共享发展。古典政治经济学鼻祖亚当·斯密说过："如果一个社会的经济发展成果不能真正分流到大众手中，那么它在道义上将是不得人心的，而且是有风险的，因为它注定要威胁社会稳定。"我们是社会主义国家，共享发展既是社会主义的本质要求，也是坚持以人民为中心的发展思想的最终体现。改革开放之初，邓小平同志曾经讲："鼓励一部分地区、一部分人先富裕起来，也正是为了带动越来越多的人富裕起来，达到共同富裕的目的。"习近平总书记提出共享发展就是要坚持发展为了人民、发展依靠人民、发展成果由人民共享，让人民群众有更多获得感。

落实共享发展理念，我们的政治经济学就是要研究社会主义条件下如何处理公平与效率的关系。平均主义不是社会主义，收入差距过大导致两极分化也不是社会主义。在党的十九大报告中习近平总书记强调要坚持按劳分配原则，完善按要素分配的体制机制，促进收入分配更合理、更有序；政府要履行好"再分配调节职能，加快推进基本公共服务均等化，缩小收入分配差距。"事实上，在这方面我们已经有了许多积极的探索，也取得了不少成功的经验，广大经济理论工作者要在这些成功实践的基础上进行理论总结，创造出中国特色社会主义分配理论。

习近平关于处理政府与市场关系的思想为中国特色社会主义政治经济学研究资源配置确定了基本范式

中国特色社会主义政治经济学要研究资源配置，但政治经济学的研究视角却与西方经济学明显不同。西方经济学中的马歇尔局部均衡原理、瓦尔拉斯一般均衡原理、帕累托最优状态等皆侧重于技术层面研究；而政治经济学则是从生产关系与生产方式角度研究。换句话说，政治经济学所研究的是资源配置方式，具体讲就是研究政府与市场的关系。习近平总书记曾明确表达过这样的思想。他指出："准确定位和把握使市场在资源配置中起决定性作用和更好发挥政府作用，必须正确认识市场作用和政府作用的关系。"

要特别提到的是，党的十九大报告强调"使市场在资源配置中起决定性作用和更好发挥政府作用"是在阐述"坚持发展新理念"时讲的。习近平总书记为何要在这部分讲？因为贯彻新发展理念涉及资源配置的方式改革与调整，而核心问题就是要正确处理政府与市场的关系。这是说，能否处理好政府与市场的关系，是贯彻落实新发展理念的关键所在。从这个角度看，习近平总书记上述关于政府与市场关系的思想，其实是为加快完善社会主义市场经济体制提供了总依据，并为中国特色社会主义政治经济学研究资源配置确定了基本范式。

关于政府与市场的关系，亚当·斯密曾形象地将其比喻为"两只手"。他认为增加国民财富的关键是发挥市场机制这只"看不见的手"的作用，而政府这只"看得见的手"只能履行"守夜人"的职责，主要是维护市场自由竞争。马歇尔在 1890 年出版的《经济学原理》中虽然指出市场有可能在某一时间偏离均衡状态，但同时又说价格机制会让经济恢复均衡，无须政府干预。到了 20 世纪 30 年代，国际上围绕计划与市场的关系展开了一场大论战。1908 年意大利经济学家巴罗内论证了全部经济资源归公共所有、整个经济由国家生产部集中管理的合理性。俄国"十月革命"后，奥地利经济学家米塞斯于 1920 年发表了《社会主义制度下的经济计算》一文，指出中央计划无法确定某种产品最终是否符合需求，也无法计算某种产品在生产过程中所耗费的劳动和原材料，因此企业的经营活动不可能合乎经济原则。米塞斯的观点，得到了哈耶克和罗宾斯等学者的极力推崇。

1936 年前后，波兰经济学家兰格连续撰文，论证说通过"模拟市场"可以实现资源的合理配置。同一时期，凯恩斯针对 1929—1933 年西方经济大萧条，出版了《就业利息和货币通论》，指出单靠市场无法解决失业问题，主张国家干预经济。1949 年，萨缪尔森对新古典和凯恩斯理论进行了综合，得出的结论是：若一国经济未实现充分就业，就适用凯恩斯理论；若已实现充分就业，国家不应对经济进行干预。20 世纪 70 年代西方国家陷入"滞胀"后，又产生了新凯恩斯主义，认为靠价格机制不能实现市场出清，政府应通过经济政策修复市场机制。

从中国的实践看。新中国成立之初我们学习苏联模式，长期实行的是计划经济体制。改革开放后，我们党开始对政府和市场的关系进行探索。党的十二大报告提出"计划经济为主，市场调节为辅"，这个提法是对传统计划经济体制的一次重大突破。伴随农村改革的初步成功，党的十三大报告指出"社会主义有计划商品经济的体制应该是计划与市场内在统一的体制"。1992 年党的十四大报告又提出"我国经济体制改革的目标是建立社会主义市场经济体制"。这说明关于市场的地位与作用，我们的认识也在不断深化。党的十五大报告提出"使市场在国家宏观调控下对资源配置起基础性作用"。党的十六大报告提出"在更大程度上发挥市场在资源配置中的基础性作用"。党的十七大报告提出"从制度上更好发挥市场在资源配置中的基础性作用"。

一直到党的十八届三中全会，习近平总书记明确提出"使市场在资源配置中起决定性作用"。从"基础性作用"到"决定性作用"，习近平总书记解释说，这一改动"虽然只有两字之差，但对市场作用是一个全新的定位"。并指出："使市场在资源配置中起决定性作用和更好发挥政府作用，二者是有机统一的，不是相互否定的，不能把二者割裂开来、对立起来，既不能用市场在资源配置中的决定性作用取代甚至否定政府作用，也不能用更好发挥政府作用取代甚至否定使市场在资源配置中起决定性作用。"

习近平总书记关于市场与政府关系的重要思想，对建构中国特色社会主义政治经济学至少有三点重要启示。

第一，计划与市场都是资源配置的机制，与社会制度无关。邓小平同志曾经说过，计划与市场都是手段，计划经济不等于社会主义，资本主义有计划；市场经济不等于社会主义，社会主义也有市场。习近平总书记也强调："市场决定资源配置是市场经济的一般规律，市场经济本质上就是市场决定资源配置的经济。"

第二，市场并非万能，在有些领域市场可能失灵。正由于市场会失灵，中国特色社会主义政治经济学不仅要研究市场的一般规律，也要研究市场失灵，特别是要从生产关系的角度研究市场失灵。比如收入差距拉大是市场分配机制的必然结果，一旦出现了两极分化则是严重的市场失灵。

第三，政府也并非万能，政府管理经济也可能失误。习近平总书记指出："更好发挥政府作用，不是要更多发挥政府作用，而是要在保证市场发挥决定性作用的前提下，管好那些市场管不了或管不好的事情。"并强调"发挥政府作用，不是简单下达行政命令，要在尊重市场规律的基础上，用改革激发市场活力，用政策引导市场预期，用规划明确投资方向，用法治规范市场行为。"

习近平关于"供给侧结构性改革"的思想为政治经济学研究经济持续健康发展提供了中国方案

中国特色社会主义进入新时代，中国经济也进入发展新常态。经过30多年经济高增长之后，我们要将速度从高速转为中高速；结构从中低端转为中高端；动力要从投资、出口拉动转为创新驱动。怎样成功地完成这种转型？党的十九大报告提出要"深化供给侧结构性改革，必须把发展经济的着力点放在实体经济上，把提高供给体系质量作为主攻方向，显著增强我国经济质量优势。"

习近平总书记关于"供给侧结构性改革"的思想，是建设现代化经济体系的中国方案，也是为当代政治经济学研究经济持续健康发展提供的中国智慧。其核心要义是，中国经济要实现持续健康发展，政府管理经济的着力点应从需求侧转向供给侧，要通过改革推动结构调整。近期任务是"去产能、去库存、去杠杆、降成本、补短板"；而最终目标，则是建立供给结构不断适应需求结构变化的体制机制。

毋庸讳言，过去 30 多年政府管理经济的着力点主要在需求侧。1997 年应对亚洲金融危机，2008 年应对国际金融危机，主要措施都是扩大内需。可是今天情况变了，当前我国经济发展面临的问题不仅是需求不足，更主要的是生产体系与需求结构不匹配。一方面，生产成本上升，人口红利逐渐消失，劳动力、土地、能源等要素价格上涨，生态资源和环境承载能力已经达到或接近上限；另一方面，产业升级缓慢，过剩产能累积，需求外溢较为严重，企业效益下降。面对这些问题，仅扩大内需虽能实现总量平衡，但却解决不了结构性问题。问题变了，解决问题的思路当然要变。

从经济学说史追溯，早期的古典政治经济学是重视供给管理的。萨伊在 1803 年出版的《政治经济学概论》中就提出"供给可以自动创造需求"的观点，这一观点被后人称为"萨伊定律"。可是 1929—1933 年西方国家发生了"经济大萧条"后，"萨伊定律"不攻自破。1936 年，凯恩斯在《通论》中用所谓"边际消费倾向递减、资本边际收益递减和流动性偏好"等三大心理规律，论证了经济大萧条的原因是由于社会有效需求不足，于是他提出政府要干预经济，主张通过刺激投资和消费扩大需求。从此，政府管理经济的重心就从供给侧转向了需求侧。

客观地讲，站在凯恩斯写作《通论》的那个时代看，凯恩斯的分析并无大错，可是当时没有错并不等于现在没有错。从今天的现实情况看，凯恩斯的立论基础大多都不存在了。比如"边际消费倾向递减规律"，凯恩斯说当人们收入增加时消费也会增加，但消费增加却赶不上收入增加，这样就使新增消费在新增收入中的比例会不断下降。若果真如此，消费需求当然会不足。这里的关键，边际消费倾向递减到底是不是规律？我的看法，在凯恩斯时代也许是，但今天却不是。战后随着消费信贷的兴起，欧美国家居民储蓄率急剧下降。有数据说，20世纪40—80年代美国居民储蓄率保持在7%—11%之间；到1990—2000年则降至5.12%；2001年首次出现 –0.2%；2005年再次降至 –2.7%。储蓄率负增长说明了什么？说明消费增长已快于收入增长，边际消费倾向递减规律已不成立。

由此再想深一层，凯恩斯的"投资乘数原理"其实也不成立。凯恩斯主张刺激投资，理由是投资有乘数效应。凯恩斯将投资乘数定义为（1– 边际消费倾向）的倒数。举个例子，若边际消费倾向为80%，则投资乘数（1–80%）的倒数为5，意思是投资1元钱可带动5元钱需求。可要指出的是，凯恩斯对投资乘数有个约定，即边际消费倾向不能等于1，否则投资乘数会无穷大。而我前面已用事实举证，今天的边际消费倾向不仅有可能等于 1，甚至会大于 1（即储蓄率为负），这说明"投资乘数原理"也已过时。

关于投资需求不足，凯恩斯指出有两个原因：一是投资边际收益递减；二是流动偏好（保持现金的偏好）。若其他要素投入不变，增加投资其边际收益无疑会递减。投资边际收益递减，企业家自然会减少投资而导致投资需求不足。可流动偏好与投资需求是何关系呢？凯恩斯说，由于投资边际收益递减，要刺激投资就得降低利率，可由于人们有保持现金的偏好，利率又不能过低，不然就会陷入流动性陷阱。如果人们真有流动偏好，凯恩斯的分析是对的。可凯恩斯绝对想不到战后信用卡消费会悄然兴起，而且很快风靡全球。不要说西方发达国家，现在就连我们国内的年轻人也很少用现金，购物、打车一律刷卡或刷手机。可见流动偏好在今天也已不是规律。

边际消费倾向递减与流动偏好如果都不是规律，凯恩斯理论当然也就不能成立了。事实上，20 世纪 70 年代西方国家普遍陷入"滞胀"后，凯恩斯理论就受到质疑。为摆脱"滞胀"，美国曾一度采用过供给学派的理论，政府管理经济的重心从需求侧又回到了供给侧。从政策取向看，供给学派与凯恩斯并无大异。供给学派也主张刺激投资，不过办法是从供给侧减税。里根主政时期曾按照供给学派的主张大量削减政府开支，降低个人所得税和企业利润税。实际效果怎样呢？减税虽然降低了企业成本，在短期内也确实拉动了经济，但并没有解决美国经济的结构性问题，相反却加剧了生产过剩和结构性矛盾。

习近平总书记提出的"供给侧结构性改革"思想，显然不同于凯恩斯理论，也不同于西方的供给学派，更不是对"萨伊定律"的回归，而是基于我国的经济发展实践，综合研判全球经济大势和我国经济发展新常态作出的重大战略抉择，是符合中国国情的、可以保证经济持续健康发展的中国方案。从这个意义上看，习近平总书记提出的"供给侧结构性改革"思想，无疑是中国特色社会主义政治经济学的重大成果和重要组成部分，对世界上其他国家解决结构性问题也具有借鉴价值。

应该指出的是，对习近平总书记的"供给侧结构性改革"思想，目前理论界和实际工作部门不少人存在误解，认为"供给侧结构性改革"就是过去的"政府调结构"，是指政府用行政手段对产能过剩企业予以关停并转。这种理解在理论上肯定是错误的。近年来有些地方按过去计划经济的老办法调结构，结果弄巧成拙，却反过来将失误归结于供给侧结构性改革，这更是错上加错。看来，全面准确地阐释"供给侧结构性改革"科学内涵，是中国特色社会主义政治经济学的一项紧迫任务。

习近平总书记提出的供给侧结构性改革，我体会有三个关键词：第一个关键词是"改革"。结构失衡是我们长期存在的问题，20世纪60年代起政府就一直在调结构，可由于主要是用行政手段调结构，效果并不理想。基于此，党的十八大后在中央全面深化改革领导小组第二十四次会议上习近平总书记明确讲："供给侧结构性改革本质是一场改革，要用改革的办法推进结构调整"。习近平总书记这里讲的改革，强调的是改革资源配置的体制机制。具体讲：就是要通过改革要素市场体制化解产能过剩；改革要素价格形成机制引导资源优化配置；改革行政审批体制与财税体制降低企业制度性成本；改革金融体制防范和化解金融风险；改革投融资体制扩大有效投资补短板。

第二个关键词，是"供给侧"。习近平总书记在党的十九大报告中指出："中国特色社会主义进入新时代，我国社会主要矛盾已经转化为人民日益增长的美好生活需要和不平衡不充分的发展之间的矛盾。"很显然，我国主要矛盾的主要方面是在供给侧，所以我们的改革必须坚持从供给侧发力。首先一点，要从生产端优化生产要素的配置，提高全要素生产率，不断扩大有效和中高端供给，减少无效和低端供给，从体制机制上解决供需错位问题。同时，还要优化现有产品和服务功能，提升供给质量，并通过培育发展新产业、新业态，提供新的产品和服务，创造新的供给，以此创造和引导新的需求。

第三个关键词，是"结构"。解决结构失衡既是供给侧改革的指向，也是改革所要达到的目的。有两点要特别注意：第一，结构调整要系统推进。结构性改革的近期任务是"三去一降一补"：去产能、去库存是为了调整供求关系、缓解工业品价格下行压力，同时也是为了去杠杆、防范金融风险。而降成本、补短板，则是为了提高企业竞争力、改善企业发展外部条件、增强经济增长能力。这五大任务相互关联，应注意统筹协调，不可顾此失彼。第二，要保持近期任务与长期目标的衔接。结构性改革的长期目标，是建立供给结构适应需求结构变化的体制机制。习近平总书记指出，"供给侧结构性改革是稳定经济增长的治本良药"，因此"现阶段推出的短期调控手段，也要注意同改革目标一致起来，推动形成完善的体制机制。"

（载《管理世界》2017 年第 11 期）

关于用学术讲政治的几个问题

今天召开全校教师会议，用一天半的时间开展用学术讲政治大讨论。教务部让我来做动员。作为一名有 25 年教龄的党校教师，我谈几点思考，供大家参考。

党校教师要理直气壮讲政治

党校教师为什么要讲政治？或者换个角度问：党中央为什么要办党校？我的回答，是因为党校有特殊的职能，而且这种职能是任何一所高校都替代不了的。那么党校特殊在什么地方？特就特在我们是一所讲政治的学校。我们知道，高校的重点是讲知识；而党校的重点是讲政治。大家想想，要是我们党校不讲政治而也去讲知识，国内高校那么多，中央还有必要办党校吗？

党校的重点是讲政治，那么什么是讲政治？可以这样说，党校所有的主业主课都是讲政治。我们讲马列经典著作是讲政治；讲习近平总书记系列重要讲话精神和中国特色社会主义理论体系是讲政治；讲党性教育课是讲政治；讲发展是执政兴国的第一要务，讲党和政府关注的重大现实问题也是讲政治。总之，党校教师无论什么学科背景，也无论讲什么专题，只要在党校主体班讲课，我们讲的都是政治，而且必须讲到政治层面上去。

前些年与高校的朋友交流，他们总对我说，党校是讲政治，他们高校是讲学术。言下之意，是我们党校的教师不重视学术。我回应：党校当然要讲政治，但党校教师同时也重视学术。所不同的是，党校不会为了学术而学术，而是要用学术为政治服务。这一点，我们党校教师务必要清醒，讲政治是我们的天职，我们一定要有这样的政治自觉，要理直气壮地讲政治。

我曾多次说过，讲政治有两个前提。第一个是要懂政治。巧妇难为无米之炊，不懂政治，就不可能讲好政治。而要懂政治，就得熟读马列经典，深刻领会习近平总书记系列重要讲话精神，系统掌握中国特色社会主义理论体系；同时，还要潜心研究党和政府关注的重大现实问题。这学期学员毕业离校前，一位曾担任过高校校长的省部班学员到我办公室大发感慨，说党校老师太厉害了。我问如何厉害？他说，老师能把习近平总书记讲话和马列经典著作大段大段背下来，这个功夫高校教师很少有。是的，这正是我们党校教师的看家本领。党政机关之所以要请中央党校的教师讲课，就是看中了我们党校教师既懂政治，也会讲政治。讲政治的第二个前提，是遵守政治纪律。与中央保持高度一致，是党校教师要坚守的底线，也是政治纪律。我们通常讲"研究无禁区，讲课有纪律"。所谓"研究无禁区"，是指研究领域没有边界限制，经济、政治、文化、社会、宗教等领域的问题都可以研究；而所谓"讲课有纪律"，是指如果你研究的结论与中央精神不一致，就不能在课堂上讲。理由很简单：中央精神是全党的统一意志，你有不同看法，那只是你自己的看法，你可以通过组织渠道向中央反映，但不能随意在课堂上讲，因为你的看法并不一定对。党校姓党，党校教师也姓党，党校课堂绝不容许有杂音，更不容许端共产党的碗，砸共产党的锅。总体看，这些年我们教师遵守政治纪律是好的，但纪律意识还要进一步强化，特别是新来的年轻同志，一定要绷紧这根弦。

什么是用学术讲政治

党校教师不仅要理直气壮讲政治，而且要用学术讲政治，不仅要讲中央精神是什么，而且要讲中央精神背后的学理是什么，要回答为什么。习近平总书记 2015 年在全国党校工作会议上指出："党校教师是我们党直接掌握的一支教师队伍，是我们党一支不可多得的理论力量。"大家认真体会这两句话，何为"我们党直接掌握的一支教师队伍"？是说党校教师最听党的话、最守政治纪律，这充分体现了党中央对党校教师的信任；何为"不可多得的理论力量"？是说党校教师具有很高的理论水平，是一支善于用学术讲政治的力量。

前面我说，我们党校教师如果不讲政治，中央就没有必要办党校。其实还应该加一句：党校教师如果不用学术讲政治，中央也同样没有必要办党校。党校存在的理由与价值，就在于我们的教师能用学术讲政治。最近有几个教研部的负责同志问我，到底什么是用学术讲政治？这个问题大家可以讨论，我先不直接回答，这里我想说说什么样的授课不是用学术讲政治。

至少有以下三种情形。

第一，讲中央精神，用文件解读文件不是用学术讲政治。全国党校系统第三次精品课评选时，有一堂参评课讲"科学发展观与转变经济发展方式"，这堂课讲的是中央精神，主讲教师从党的十六大报告、十七大报告一直讲到十八大报告，将中央关于科学发展观与转变经济发展方式的表述梳理得非常清楚，而且他的口才也很好，可评委却不投赞成票。为什么？评委认为主讲教师只是在用文件解释文件，没有用学术讲政治。

第二，讲重大现实问题，用事实解释事实不是用学术讲政治。事实可以验证理论，但事实不能用事实解释。比如下雨天你看见有人摔倒了，有人摔倒是个事实，下雨也是事实。如果你解释有人摔倒的原因是下雨，那你就是用事实解释事实。科学的解释，是路面摩擦力小。如果摩擦力够大，下雨不会让人摔倒；摩擦力过小，不下雨也会让人摔倒。我们讲经济社会的现实问题也一样，不能就事论事，要用学理去分析现实背后的原因。

第三，无论讲理论问题还是讲现实问题，如果只是引用经典著作的个别词句也不是用学术讲政治。事实上，现在我们教师讲课并非完全没有学术意识，两年前就曾有教师对我说，我是在用学术讲政治呀，你看我讲课时不是引用了马列经典著作的原话么？但是我要告诉大家，如果没有完整的学理框架，仅仅引用经典著作的个别词句，那是贴学术标签，算不上用学术讲政治。

以上都不是用学术讲政治，那么到底什么是用学术讲政治？在我看来，马克思的《资本论》就是用学术讲政治的典范。"两个必然"是政治结论，马克思怎么讲？他构造了一个完整的学术框架。从商品的二因素开始，分析劳动有二重性，指出具体劳动创造使用价值，抽象劳动创造价值；再分析资本可分为不变资本与可变资本，指出不变资本只转移价值；可变资本创造价值。在此基础上，马克思又区分了"劳动"与"劳动力"，指出劳动力的使用才是劳动，资本家向工人购买的是劳动力而不是劳动，支付给工人的工资是劳动力的价格而不是劳动的价格，而劳动创造的价值要大于劳动力价格，其差额就是剩余价值。至此，剩余价值的来源马克思就用学术讲清楚了。跟着他又进一步分析剩余价值生产的两种方式，分析资本循环周转和社会总资本再生产，然后再分析剩余价值的分配，用学术逻辑揭示出资本积累的历史趋势是两极分化——资本家的财富积累与劳动者的贫困积累。并指出这种趋势最终必将导致剥夺者被剥夺。大家看，《资本论》通篇都用经济学逻辑作分析，是不是用学术讲政治的标准范本？

怎样用学术讲政治

用学术讲政治，我认为需要把握三个重点：一是突出问题导向；二是找准学术接口；三是构建学理框架。讲课要突出问题导向，这一点我想大家都赞成。但赞成问题导向是一回事，而讲课能否贯彻问题导向是另一回事。这些年常听到学员抱怨我们有些教员讲课缺乏针对性，说白了就是没有突出好问题导向。

曾与校内年轻教员进行过交流，很多人以为，问题导向是指一堂课要针对某个问题讲。这样理解虽不算错，但也不完全对。大家想想，教务部安排进教学计划的讲题哪一个不是重大问题？可为何学员反映有的教员讲课针对性强，而有的教员针对性不强呢？甚至同一个讲题，不同的教员讲针对性也会大不相同？看来讲题设计要针对问题只是一方面，关键还在于怎么讲。

在党校当教师，我们都曾听过别人讲课，怎样评价一堂课讲得好不好？若让我说，就要看主讲教师能否为我释疑解惑。比如之前我不明白的道理，听课后明白了；之前我一直坚持的观点，听课后却发现自己原来理解错了；之前不懂得分析的问题，听课后茅塞顿开、知道怎么分析了。这样让我有收获，当然会认为这堂课讲得好。

几年前我曾听一位校外专家讲生态环境问题，本来是慕名而去，结果却扫兴而归。那位专家一开始就演示了大量 PPT 图片，介绍当前国内生态环境问题有多严重。接下来他讲造成环境问题的三个原因：一是地方官员不重视环保；二是环保部门监管不力；三是财政对环境治理投入不足。最后他的结论是解决生态环境问题要加强领导、加强监管、加大投入。不能说那位专家没有问题意识，生态环境本身就是重大问题，可他两个多小时讲下来却未回答我的困惑。我当时困惑的是，中央高度重视环保可为何地方官员不重视环保？在国家财力有限的条件下治理环境除了政府投入是否还有别的办法？市场机制在生态环保方面如何发挥作用？所以在我看来，他的讲题虽然针对了问题，但讲课却未针对听众的困惑，并没有贯彻好问题导向。

是的，讲课所强调的问题导向，关键是要针对学员的困惑。这是说，教员要想讲好课，课前首先就得对学员有何困惑做到心中有数。问题是我们怎知道学员的困惑呢？当然是到学员中去调研，要是不调研，闭门造车，讲课难免会放空炮。我们常说理论要联系实际，对讲课来说，其实就是理论联系"问题"，这里的"问题"，就是学员的困惑。

说到学员的困惑，具体讲有三方面：一是在讲题所涉领域学员目前尚未想到或者想不清楚的问题；二是学员想到了但普遍存在误解的问题；三是学员想到了而且也想对了，但不知道如何分析论证的问题。教员备课时不妨扪心自问，自己对以上三方面的问题是否清楚？若不清楚，你最好先去做调研，做完调研再回来写讲稿。

以上三方面问题清楚了，有了问题导向，讲课也就有了针对性。接下来，就要对这些问题进行学理分析。不过在此之前还要做一件事，也就是我要说的第二个重点，寻找学术接口。用学术讲政治，需要我们先将现实问题转换成学术问题。如果不做转换，不仅学术无用武之地，而且理论和现实很容易成为"两张皮"。我看过有些老师的讲稿，第一部分通常是介绍学术理论，像一个文献综述，第二部分讲问题，第三部分谈对策，而第一部分和后两个部分完全没有关系。你这样讲课，学员当然要说你理论脱离实际。正因如此，所以我们在备课时首先要找学术接口，把现实问题转换成学术问题。只有转换了，才能用学术去分析。如果不转换，你有再多的学问，也会空有一身本领，使不上劲。

举例说吧。《资本论》讲"两个必然"，马克思首先把"两个必然"转换成了剩余价值生产与分配问题，这样他就可用经济学的学理讲"两个必然"。再比如中央提出了五大新发展理念，其中一个理念是"开放发展"，你怎么讲"开放发展"？如果你只是讲世界的发展离不开中国，中国的发展离不开世界，这显然不是用学术讲政治。但如果我们把"开放发展"转换为全球化背景下怎样参与国际分工，经济学就提供了大量的分析框架，我们就可用这些分析框架讲"开放发展"。要特别说明的是，在座的各位都是不同学科的专家，面对同一个现实问题，大家寻找的学术接口可能会不同。这很正常，学术接口可以不同，同一个问题我们可以用不同的学理框架去分析，但关键是要找到接口，完成学术转换。找到了学术接口，我们就可构造学理框架。所谓学理框架，简单地说，就是学术分析的逻辑结构。科学的任务是揭示规律，而规律的表达通常包含假设（约束条件）与推理（结论）两部分，这样看，学理框架是一个逻辑推导体系。前面我说引用经典著作的个别词句不算用学术讲政治，道理就在这里。只有用一套学理逻辑体系把问题讲透彻，才真正是用学术讲政治。学理框架从哪里来？可以来自三个方面。一是马列经典著作，马列经典是我们党的理论源头，也是我们党的指导思想，所以我们要下苦功读马列经典，这是党校教师的基本功。二是本学科的经典。经典之所以成为经典，就在于它为后人提供了学理框架。我们七部两院有不同的学科，每个学科都有自己的经典，我们一方面要读马列经典，同时也要读本学科的经典。三是自己创建。如果你的讲题是一个全新的问题，经典著作没有现成的学理框架，那么你就要自己研究、自己创建。

（本文是作者 2017 年 7 月 15 日在中共中央党校"用学术讲政治"大讨论动员会上的讲话）

责任编辑：曹　春　张双子

封面设计：汪　莹

图书在版编目（CIP）数据

中国经济讲堂／王东京 著 . —北京：人民出版社，2020.1
（2020.7 重印）

ISBN 978－7－01－021479－5

I. ①中⋯　 II. ①王⋯　 III. ①中国经济－问题－研究
　 IV. ① F120.2

中国版本图书馆 CIP 数据核字（2019）第 246150 号

中国经济讲堂

ZHONGGUO JINGJI JIANGTANG

王东京　著

人民出版社 出版发行

（100706　北京市东城区隆福寺街 99 号）

北京盛通印刷股份有限公司印刷　新华书店经销

2020 年 1 月第 1 版　2020 年 7 月北京第 2 次印刷
开本：710 毫米 ×1000 毫米 1/16　印张：15.75
字数：156 千字

ISBN 978－7－01－021479－5　定价：58.00 元

邮购地址 100706　北京市东城区隆福寺街 99 号

人民东方图书销售中心　电话（010）65250042　65289539